한 눈으로 꿰뚫어 볼 수 있는 구원 이야기

한 눈으로 꿰뚫어 볼 수 있는 구원 이야기

2019년 4월 15일 초판 1쇄 발행

지은이 오석득
펴낸이 윤영진
편 집 함순례
홍 보 한천규
펴낸곳 도서출판 심지
등록   제2003-000014호
주소   대전광역시 동구 대전천북로 12
전화   042 635 9942
팩스   042 635 9941
전자우편 simji42@hanmail.net

ⓒ오석득 2019
ISBN 978-89-6627-169-6 03230

이 도서의 국립중앙도서관 출판예정도서목록(CIP)은 서지정보유통지원시스템 홈페
이지(http://seoji.nl.go.kr)와 국가자료종합목록시스템(http://www.nl.go.kr/kolisnet)
에서 이용하실 수 있습니다. (CIP제어번호 : CIP2019012901)

한 눈으로
꿰뚫어 볼 수 있는
구원 이야기

오석득 지음

책을 펴내면서

이 주제를 놓고 책을 꼭 쓰고 싶은 간절함이 늘 마음에 있었다. 왜냐하면 하나님이 얼마나 인간들을 사랑하시는지 이 책을 통해 알리고 싶은 마음에서이다. 교회를 오래 다니고 신앙생활을 오래 해도 성경을 읽다 보면 성경이 한 줄로 연결이 되지 않아 마음이 답답할 때가 있었다.

그래서 이 책을 쓰고자 하는 마음을 갖게 되었고 이 책을 통해서 알리고자 한 목적이 있었다. 이 책을 그냥 읽기만 해도 우주의 창조로부터 시작하여 예수님이 재림하셔서 하나님의 나라가 완전히 세워지는 그때까지의 모든 과정을 한 눈으로 이해 할 수 있도록 하려고 시도했다. 그래서 책의 제목도 "한 눈으로 꿰뚫어 볼 수 있는 구원 이야기"라고 지었다. 성경 66권이 서로 다른 내용을 담은 것 같이 보이지만 하나님은 오직 인간들을 구원하시려는 한 가지의 목적을 가지고 모든 것들을 질서 정연하게 시대별로 다양한 사람들을 사용하셨다는 것을 볼 수 있도록 이 책을 전개해 보았다. 그리고 하나님이 우주를 창조하신 후부터 이 세상이 끝나는 심판 때까지 어떻게 구원 계획을 진행해 가시는지를 한 눈으로 볼 수 있도록 썼다. 그래서 성경이 우리에게 말씀하시고자 하는 것을 정확하게 보여주므로 인간들을 향한 하나님의 사랑이 얼마나 크고 깊은가를 마음에 느끼고 알도록 해 주고 싶어서 이 책을 쓴 것이다. 이 책을 통해 하나님이 죄인들을 얼마나 사랑하시는지 그리고 구원해 주시기 위해 어떤 계획을 가지시고 서서히 진행시켜 오셨는지 알게 되길 바란다. 그 과정을 올바로 볼 수만 있다면 구원 받은 것이 얼마나 귀한 것인지 더 느끼게 될 것이다. 그러면 구원을 주신 하나님께 더 감사하며 잘 섬기고자 결단 내릴 것이다.

　아무쪼록 이 책을 읽고 하나님의 사랑을 깨닫고 느끼는 사람들이 많이 있기를 간절히 바라는 마음이다. 그렇게 된다면 이 책을 쓴 보람을 느끼게 될 것이라 생각한다.

부족하나마 이 책을 쓰도록 기회를 주신 하나님께 먼저 모든 영광과 존귀함을 돌려 드린다.

또한 이 책을 출판하기까지 협력한 모든 분들께 감사를 드린다. 이 책이 이 세상에 나오도록 물질로 후원해 주신 많은 분들이 있다. 이름을 밝히기를 원치 않는 분을 비롯해서 김미미, 조현숙, 김써니, 김수정, 박금숙, 김경미 성도들이다. 그래픽을 위해 수고한 일본 선교사인 아들 조나단 오 목사와, 출판을 위해 앞장서서 뛰어준 김수민, 임종선, 최희순 성도와 뒤에서 교정과 모든 일을 묵묵히 도와 준 아내 오영선과 그리고 기도로 응원해 주신 모든 분들에게 이 지면을 통해 감사를 드린다.

2019년 2월
미국 콜럼비아 싸우스 캘로라이나에서 오 석 득

목차

제1부
약속된 메시아가 오시는 경로

"그 기쁘신 뜻대로 우리를 예정하사
예수 그리스도로 말미암아
자기의 아들들이 되게 하셨으니"
(엡1:5).

하나님의 구속사역이란 말은 무슨 의미일까?

누구든지 하나님의 사랑을 이해하려고 한다면 먼저 구속이란 말을 이해해야만 할 것이다. 구속이란 말은 영어로 Redemption이라고 말하며 이 말은 "값을 치르고 사다"라는 의미를 가지고 있다. 그리고 특히 이 단어는 노예를 사서 자유를 주는 것으로 설명하면 이해하기가 쉽다. 그러기에 구속이라는 단어를 설명하기 위해서는 예수님이 죄인들을 죄에서 구원해 주시고 자유를 주셨다는 것을 빼어 놓고는 설명할 방법이 없을 것이다.

> "모든 사람이 죄를 범하였으매 하나님의 영광에 이르지 못하더니 그리스도 예수 안에 있는 구속으로 말미암아 하나님의 은혜로 값없이 의롭다 하심을 얻은 자 되었느니라"(롬 3:23-24).

사람은 하나님이 창조하셨으므로 하나님의 소유였다. 그러나 인간들이 하나님의 말씀대로 살지 않고 배반하여 하나님을 떠나 죄에 팔려 죄의 노예가 된 것이다. 그러나 사랑의 하나님은 죄의 노예가 된 인간들을 그냥 두실 수가 없으셨으며 하나님은 죄에 빠져 고통 속에서 살고 있던 인간들에게 다시 행복하게 살도록 하시길 원하신 것이다. 그래서 자기의 사랑하는 유일한 독생자이신 예수 그리스도를 이 땅에 보내 주신 것이다. 그리고 그 아들을 십자가 위에서 죄인들의 모든 죄를 대신 짊어지시고 죽도록 내어 주신 것이다. 예수님이 십자가 위에서 죄인들의 모든 죄값을 대신하여 죽으시므로 죄를 용서 받을 수 있는 길을 열어 주신 것이다. 예수님의 십자가의 죽음으로 인해 인간들이 지은 모든 죄값을 다 치루시므로 죄로부터 자유를 얻도록 하신 것이다. 그러므로 예수님이 십자가 위에서 이루신 그 일을 구속이라고 부르며 이 구속을 성령의 도움을 받아 우리에게 적용하여 믿을 때 구원 받았다고 말한다. 그리고 구원 받은 자들은 하나님의 자녀가 되는 것이다.

성령 하나님은 삼위일체 하나님 중 제 3위격이신 하나님이시다. 우리를 구원하시기 위해 하나님이 세우신 구원 계획은 삼위일체(성부, 성자, 성령)의 하나님의 공동 작품이다. 쉽게 설명을 하자면 성부 하나님은 설계사이시고 성자 하나님은 직접 그 계획을 가지고 이 땅에 오셔서 실행하신 분이시며 그리고 성령 하나님은 예수님이 하신 그 구원 사역을 죄인들에게 적용하셔서 구원 받도록 하시는 분으로 설명하면 이해가 쉬울 것이다.

성부 하나님이 구원의 설계도를 작성하시고 성자 하나님이신 예수님이 그 구원 계획을 직접 이루시기 위해 이 땅에 오셔서 십자가 위에서 죽으심으로 그 일을 직접 실행하셨다. 그 이루신 십자가의 공로를 성령 하나님이 죄인들에게 깨닫도록 하시고 믿도록 하시는 역할을 하시는 분이시다. 그러기에 성령 하나님이 아니면 예수님이 내 죄를 위해 죽으셨다는 그 진리를 깨닫지 못한다. 왜냐하면 죄로 인해 영혼은 완전히 죽었기에 자기 스스로는 그 진리를 깨달을 수가 없기 때문이다. 그러기에 구원을 받는 일에 성령의 역할이 아주 중요하다.

예수님께서 성령이 오시면 죄에 대하여, 의에 대하여, 심판에 대하여 세상을 책망하시리라(요16:8)고 하셨다. 그리고 "성령으로 아니하고는 누구든지 예수를 주시라 할 수 없느니라"(고전12:3)고 하셨다. 그리고 예수님께서 성령 하나님을 모독하는 죄에 대해서 말씀하셨다. 마태복음12:32에서 "또 누구든지 말로 인자를 거역하면 사하심을 얻되 누구든지 말로 성령을 거역하면 이 세상과 오는 세상에서도 사하심을 얻

지 못하리라."고 하셨다. 왜냐하면 성령의 역사가 아니면 구
원 받지 못하기 때문이다. 그런데 예수님이 행하셨던 모든 성
령의 역사를 바리새인들은 귀신의 왕인 바알세불의 힘을 빌
려서 행하신 것처럼 말을 했다. 이때 예수님은 다른 죄는 다
용서 받을 수 있지만 성령의 역사를 훼방하는 그 사람은 구원
받을 수 없다고 하셨다. 그 정도로 죄인이 구원을 받으려면
성령의 역할이 없이는 불가능하기 때문이다.

　바리새인들은 성령이 하시는 일을 훼방했기에 구원 받지
못한 것이다. 성령 하나님은 죄악된 마음에 빛을 비추어 주시
므로 자신이 죄인이라는 사실을 깨닫도록 해 주신다. 그러면
자신이 죄로 인해 지옥에 가야할 비참한 인생이라는 사실을
깨닫게 된다. 그러면 베드로가 예수님의 죽음과 부활에 대해
말씀을 전할 때 그 메시지를 들은 사람들이 마음에 찔려서
"우리가 어찌할꼬!"라는 한탄이 나오게 된다. 그러면 성령님
은 그러한 자들에게 예수님이 십자가에서 하신 일을 믿으라
고 가르쳐 주신다. 그러면 자신의 죄를 회개하고 예수를 자
신의 구원자로 받아 들일 때 구원을 받는 것이다. 이런 일을
하시는 분이 바로 성령 하나님의 역할이다. 그러기에 그 분
의 도움이 아니면 이 세상에 사는 어떤 사람도 구원 받지 못
하게 된다.

그런데 하나님이 이 구속을 이루어 주시기 위해 계획하시고 이루어 주시는 과정이 있다. 하나님은 죄를 지은 인간들을 구원하시기 위해 세우신 계획들을 쉬지 않으시고 진행시켜 오셨다. 이러한 과정을 '구속 사역의 진행'이라고 부른다. 사랑의 하나님은 죄를 지어 하나님의 심판을 받고 지옥에 가서 영원히 살아야 할 인간들을 불쌍히 여기사 그들을 구원하시고자 계획을 세우셨다.

"그 기쁘신 뜻대로 우리를 예정하사 예수 그리스도로 말미암아 자기의 아들들이 되게 하셨으니"(엡1:5).

하나님은 자신의 구원 계획을 서서히 진행시켜 나가셨다. 구속의 진행은 마치 생명이 있는 작은 한 알의 도토리가 땅에 떨어져 싹이 나서 거대한 나무로 자라나가는 그래서 많은 도토리의 열매를 맺어가는 과정과 같이 지금도 성장해 나가고 있는 것이다. 도토리는 땅에 심겨지면 싹이 나서 작은 나무가 되고 나중에는 우람한 나무로 자라게 되어 많은 도토리를 맺게 된다. 하나님의 구속 계획도 마찬가지이다. 하나님이 죄인들을 구속하시고자 약속하신 그 말씀을 점차적으로 진행해 나가시므로 구원하시고자 작정하신 모든 자들을 예수 그리스도의 피로 구원을 완성해 가시는 과정이다.

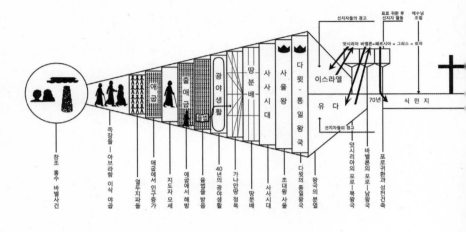

구속 계획과 진행 과정 차트

"내가 너로 여자와 원수가 되게 하고 네 후손도 여자의 후
손과 원수가 되게 하리니 여자의 후손은 네 머리를 상하게
할것이요. 너는 그의 발꿈치를 상하게 할 것이니라"(창
3:15).

이게 바로 하나님이 세우신 구속계획이다. 하나님은 죄를
지은 인간들을 위해 여자의 후손을 통해 구원을 이루어주실

18

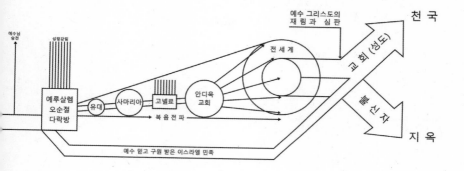

메시아를 보내주시겠다고 약속하셨다. 그리고 "때가 차매 하나님이 그 아들을 보내사 여자에게서 나게 하시고… 율법 아래 있는 자들을 속량하시고 우리로 아들의 명분을 얻게 하려 하심이라"(갈4:4-5).고 하신 그 약속을 이루어주신 것이다. 하나님이 보내주시겠다고 약속하셨던 그분이 바로 예수 그리스도이시다. 그리고 그분이 하나님의 계획대로 십자가 위에서 죽으시고 부활하시므로 사탄의 머리를 발뒤꿈치로 부수시고 사망의 권세를 이기시고 완전한 구속을 이루어주신 것이다.

천지창조와 인류의 시작

성경은 모든 사람들이 가장 궁금해 하는 문제들의 정답을 가지고 있는 책이다. 얼마나 많은 철학자들이 이 우주는 과연 어떻게 시작된 것일까? 인류는 과연 어디에서 온 것일까? 사람이란 과연 누구인가? 그리고 사람이 사는 목적이 무엇인가? 그리고 죽음은 왜 사람에게 찾아오는 것일까? 그리고 궁극적으로 인간은 어디로 가는 것일까? 그리고 죽음 후에는 과연 어떤 일이 일어날 것인가? 라는 해답을 찾기 위해 시간과 노력을 투자해 보지만 시원한 답을 얻지 못한다. 그리고 지금 이 시간에도 이런 문제에 대한 해답을 찾고자 방황하는 사람들이 많이 있다.

하나님의 말씀인 성경은 66권의 책이 모아져 한권의 성경으로 만들어졌다. 그 중 첫 번째 책을 창세기라고 부른다. 그런데 그 창세기의 첫 몇 장만 읽고 기록된 사실을 믿는다면 이제껏 풀리지 않던 모든 문제들이 다 풀리게 되어 있다. 왜 냐하면 머리 싸매고 고민하던 어려운 난제들의 해답이 아주 간단하고 그리고 정확하게 기록이 되어 있기 때문이다.

하늘과 땅 그리고 바다는 어떻게 시작되었는가? 해와 달과 별들은 어디서 생겨났는가? 인류는 어떻게 시작되어 내려 오 게 되었는가? 결혼의 시작과 가정의 시작은 어떻게 생겨났는 가? 사회와 문명의 발달은 어떻게 시작되었는가? 그리고 죄 는 어디서 들어왔으며 사람이 왜 죽어야 하는가? 이러한 문제 들을 자세하게 가르쳐 주는 곳이 바로 창세기이다.

그리고 굉장히 중요한 사실 하나를 성경에서 발견할 수 있 는데 그것은 바로 하나님의 존재에 대한 것이다. 성경은 하나 님이 천지창조 이전에 이미 존재하시고 계시던 분으로 전제 를 한다는 놀라운 사실이다. 이것은 아주 중요하다. 왜냐하면 사람들은 신이 어떻게 만들어졌느냐? 그리고 누가 신을 만들 었느냐? 라는 문제에 궁금증을 갖고 있기 때문이다. 그러나 성경에서 하나님은 모든 만물을 창조하시기 이전에 스스로 존재하시던 분이라고 증거를 한다. 그 하나님이 이 우주 만물 을 창조하신 것이다. 하나님은 말씀으로 6일 동안 하늘과 땅 그리고 이 지구상에 존재하는 모든 생물들이나 식물들, 그리 고 동물들을 그 종류대로 만드셨다. 그리고 마지막으로 하나 님은 하나님의 형상을 닮은 사람을 만드신 것이다(창1장).

하나님은 사람을 만드시되 아주 특별한 존재로 만드셨다. 하나님은 흙으로 사람을 만드시고 생령을 그 코에 불어넣어 주시므로 살아있는 영적 존재로 만드셨다. 그러기에 사람은 모든 다른 피조물들과 구분된다. 피조물들 중에서 영적인 존재로 만들어진 존재는 천사들과 인간들이다. 그러나 육신과 영적인 존재로 만들어진 피조물은 오직 인간들 뿐이다. 그리고 하나님과 소통하며 특별한 사랑을 받도록 창조된 존재는 오직 사람뿐이다.

하나님의 형상을 닮은 인간

사람은 하나님의 형상대로 지음 받은 특별한 존재이다.

"하나님이 이르시되 우리의 형상을 따라 우리의 모양대로 우리가 사람을 만들고 그로 바다의 고기와 공중의 새와 육축과 온 땅과 땅에 기는 모든 것을 다스리게 하자 하시고 하나님이 자기 형상 곧 하나님의 형상대로 사람을 창조하시되 남자와 여자를 창조하시고"(창1:26-27).

하나님의 형상대로 창조되었다는 것이 무슨 뜻일까? 하나님이 가지신 속성들은 다양하다. 속성이란 하나님이 가지고 계신 특별한 성품을 말한다. 어떤 속성은 오직 하나님만이 '소유하신 절대적인 속성' 들이 있는가 하면 어떤 속성은 하나님이 창조하신 '인간들에게도 나누어 주신 속성' 들이 있다.

하나님의 특별한 속성들

하나님만이 절대적으로 가지신 특별한 속성들은 독립성, 불변성, 무한성, 그리고 유일하신 분이라는 것이다. 즉, 하나님은 스스로 존재하시는 분이시다. 어떤 누구의 도움이 필요하지도 않으시며 스스로 존재하시는 능력의 하나님이시다. 그리고 하나님은 영원히 변하지 않으시는 특별하신 분이시다. 그리고 하나님은 완전하시므로 어떤 것에도 제한을 받지 않으시는 분이시다. 마지막으로 그 분은 여러 신들 중에 하나가 아니라 '절대적인 유일한 신' 이시다. 그러기에 그분으로 인해 모든 것이 나오고 또한 그분에게로 돌아가게 되어 있다.

하나님과 공유한 속성들

하나님은 영적인 존재이시다. 그래서 하나님이 사람을 만드실 때 영적인 존재로 만들어 주셨다. 그러기에 사람은 하나님과 영적으로 교통하며 교제를 나눌 수 있는 것이다. 그리고 하나님은 사랑의 하나님이시다. 그래서 사람들도 하나님의 사랑을 닮도록 허락해 주셨다. 하나님은 전지전능하신 분이시다. 그러나 사람은 하나님같이 전지전능하지는 않지만 하나님의 지식과 지혜와 능력을 받았기에 생각할 수 있는 존재이다. 그리고 다양한 것들을 창출해 낼 수 있는 능력을 가지게 된 것이다. 또한 하나님은 거룩하신 분이시다. 사람도 거룩한 존재로 창조되었는데 죄로 인해 타락하여 거룩을 잃어버렸다. 또한 하나님은 인격체이시다. 하나님은 사람을 인격체로 만들어 주셨다. 그리고 하나님은 모든 우주만물을 통치하시는 통치권을 가진 분이시다. 그러한 통치권을 사람에게도 나누어 주셨기에 하나님이 창조하신 만물을 다스리도록 직책을 맡겨 주셨던 것이다.

"하나님이 가라사대 우리의 형상을 따라 우리의 모양대로 우리가 사람을 만들고 그로 바다의 고기와 공중의 새와 육축과 온 땅과 땅에 기는 모든 것을 다스리게 하자 하시고"(창 1:26).

사람은 하나님의 통치권을 닮아 만물을 다스릴 권한을 위임
받았던 것이다. 그래서 창세기 2장 19~20절을 보면 아담이 모
든 육축과 새와 짐승의 이름을 지어준다. 이름을 지어준다는
것은 바로 통치권을 가지고 있다는 의미이다. 사람은 이렇게
특별한 하나님의 형상대로 지음 받은 위대한 존재이다. 하나
님이 가지신 속성들을 인간들에게도 나누어 주셨기 때문이다.

아담의 범죄와 인류의 죄

하나님은 첫 번째 사람인 아담을 만들어 주셨다. 그리고 그
를 에덴 동산의 관리자로 세워 주셨다. 아담의 책임은 하나님
의 말씀에 순종하며 하나님이 맡겨주신 자연만물을 다스리
는 것이었다. 하나님은 아담과 약속을 맺으셨다. 이것을 '행
위 언약'이라고 부른다. 아담이 하나님의 말씀에 순종하면
하나님이 주시는 모든 축복을 누리며 살 수 있지만 만약 불순
종하여 어길 때에는 영원한 죽음을 당할 것이라고 하셨다. 그
런데 아담은 하나님의 명령에 불순종하므로 하나님과의 언
약을 지키지 않았다. 하나님은 아담에게 하나님의 말씀에 순

종할 수 있는 의지도 주셨고 불순종 할 수 있는 의지도 주셨던 것이다. 그러나 아담과 하와는 선악을 알게 하는 나무의 실과를 따먹으면 그들도 하나님 같이 된다는 뱀(마귀)의 유혹에 넘어가고 말았다. 이렇게 아담과 하와는 하나님의 말씀에 거역하는 불순종을 선택한 것이다(창3장).

하나님은 아담을 만드시고 그를 인류의 대표자로 세워 주셨다. **"행위 언약"** 속에는 아담이 하나님께 순종을 하면 그 후손도 하나님의 축복을 누리며 살게 되지만 만약 아담이 죄를 지으면 아담의 후손들도 자연적으로 그 죄를 이어 받아 죄인이 된다는 것이 포함 되어 있는 것이다. 왜냐하면 하나님이 아담을 **"인류의 대표"**로 세워 주셨기 때문이다.

"그러므로 한 사람으로 말미암아 죄가 세상에 들어오고 죄로 말미암아 사망이 들어왔나니 이와같이 모든 사람이 죄를 지었으므로 사망이 모든 사람에게 이르렀느니라"(롬 5:12).

비록 우리가 아담의 후손으로 죄인이라는 신분으로 태어났지만 하나님은 지금도 축복의 길로 갈 수 있는 길을 예수님을 통해 허락해 주셨다. 지금도 여전히 하나님께 순종하며 사느냐 아니면 마귀의 말을 들으며 하나님의 말씀에 거역하며 불순종하며 사느냐를 결정하며 살아야 한다. 지금도 하나님의 말씀에 순종해서 예수님을 믿고 따르면 생명의 축복을 얻게 되지만 거역하면 마귀가 가는 지옥으로 가는 길밖에 없는 것이다. 이정도로 하나님은 죄인들을 사랑하시며 축복의 길로 인도하고 계신 것이다.

> "아들이 있는 자에게는 생명이 있고 하나님의 아들이 없는 자에게는 생명이 없느니라"(요1서5:12).

성경은 아담 한 사람으로 말미암아 죄가 세상에 들어왔다고 증거한다. 그리고 그 죄로 말미암아 모든 사람이 죄인이 되었다고 증거 한다. 이게 바로 "대표 원리" 이다. 아무리 이 것을 부정하려고 해도 부정할 수 없는 '죄의 원리' 이다. 왜냐하면 이 원리를 부정하는 사람들에게도 죽음이 찾아오고 있기 때문이다.

하나님은 B.C. 1446년 경에 모세를 통해 율법을 주셨다. 율법을 받고 난 후부터 사람들은 죄가 무엇인지 확실하게 알게 되었다. 율법이 주어지기 전에는 죄가 무엇인지 잘 몰랐다. 그런데 중요한 것은 죄가 죄인 줄 모르던 시절에도 모든 사람에게 죽음이 찾아왔다는 사실이다. 만약 사람들에게 죄가 없었다면 죽음이 찾아오지 말았어야 한다. 아니 찾아오지 않았어야 한다. 그런데 모든 사람들에게 죽음이 찾아왔다는 것은 모든 사람들에게 죄가 있다는 것을 부인할 수 없는 증거인 셈이다. 모든 사람은 죄를 지은 아담의 후손이라는 것을 부정할 수 없는 기정 사실이다.

왜 죽음이 이 세상에 들어온 것일까?

하나님이 먹지 말라는 명령을 어기고 선악과를 먹으므로 죄가 세상에 들어온 것이다. 하나님은 아담에게 이렇게 명령하셨다.

> "여호와 하나님이 그 사람에게 명하여 가라사대 동산 각
> 종 나무의 실과는 네가 임의로 먹되 선악을 알게하는 나무
> 의 실과는 먹지 말라 네가 먹는 날에는 정녕 죽으리라"(창
> 2:16-17).

아담은 하나님이 명령하신 말씀을 분명히 하와에게도 전달했을 것이다. 그런데 하와는 이 명령을 알고 있었으면서도 사탄이 뱀을 이용하여 유혹하자 하와는 뱀의 유혹에 넘어갔던 것이다. 그리고 하나님이 먹지 말라는 실과를 따 먹고 말았다. 그리고 자기의 남편인 아담에게 그 실과를 주어 먹게 했

던 것이다. 아담은 하나님이 먹지 말라는 선악과를 하와가 먹은 후 자기에게도 먹으라고 유혹할 때 그것을 먹지 말았어야 했다. 오히려 하와를 꾸짖어야 했다. 그러나 아담은 하나님의 말씀보다 여자의 말에 순종하여 선악과를 받아 먹고 말았다. 그러므로 하나님이 말씀하신 대로 죄가 세상에 들어오고 그들은 죽을 수 밖에 없게 된것이다.

하나님께서 "네가 선악과를 먹는 날에는 정녕 죽으리라"는 말씀 속에는 두 가지의 죽음의 의미가 들어 있다. **"영적인 죽음"**과 **"육신적인 죽음"**이다. 영적인 죽음은 인간들의 영혼에 즉각적으로 임하여 효과가 발휘 되었다. 그래서 아담과 하와는 즉시로 영적인 죽음을 당하였다.

영적인 죽음이란 **'하나님과 분리되는 것'**을 의미한다. 인간은 하나님이 공급해 주시는 영적인 것을 공급 받으며 살아야 하는 존재이다. 그런데 죄로 인해 하나님으로부터 분리되어 모든것이 끊어진 상태가 된것이다. 이것을 '영적 죽음' 이라 부른다.

그리고 그들에게 육신의 죽음도 천천히 찾아오게 되었다. 아담은 930세에 죽어야 했다. 그리고 무드셀라 같은 사람도 969세까지 살았지만 결국 그도 죽었다. 지금 이 시대도 100세까지 사는 사람들이 그리 많지 않다. 이렇게 모든 사람은 육신적으로 죽게 되어 있다. 이게 바로 죄로 인해 생긴 결과이다.

"한번 죽는 것은 사람에게 정하신 것이요 그 후에는 심판
이 있으리니"(히9:27).

인간이 육신적으로 죽는다는 것은 죄가 있다는 것을 증명
해 주는 것이다. 자신들이 죄인인 줄을 모르고 살아도 결국 모
든 사람들에게 죽음은 찾아오는 것이다. 그것은 바로 모든 인
간이 아담의 죄로 인해 죄인이 되었다는 것을 증명해 주는 것
이다. 그리고 죄를 지은 아담의 후손이라는 것을 증거해 준다.
그러나 일단 예수님을 자신의 구원자로 영접한 사람은 하
나님의 자녀가 된다. 구원은 하나님의 선물이며 하나님의 주
권적인 역사이다. 그러기에 한번 구원받은 사람은 하나님이
붙잡아 주시기에 죄에서 해방되고 영원한 구원을 받게 된다.
그리고 그 구원은 아무도 빼앗지 못한다.

"저희를 주신 내 아버지는 만유보다 크시매 아무도 아버
지 손에서 빼앗을 수 없느니라"(요10:29). 구원 받은 사람은
하나님과의 관계가 완전히 회복된 상태이기 때문이다.

그런데 살다 보면 육신의 연약함으로 죄를 짓게 될 때가 있

다. 그렇다고 그 죄로 인해 구원 받은 사람이 다시 구원을 잃어 버리는 것이 아니다. 단지 하나님과의 관계가 껄끄러운 상태가 되는 것이다. 그러기에 잘못한 것을 깨달을 때 빨리 하나님께 회개해야 한다. 그럴 때 껄끄러운 관계가 다시 회복 된다.

예수님께서 잡히시던 날 밤 성만찬을 마치시고 제자들의 발을 씻기실 때 베드로는 예수님이 자기의 발을 씻기지 못하도록 반대를 했다. 그러자 예수님은 "내가 너를 씻어 주지 아니하면 네가 나와 상관이 없느니라"고 하셨다. 그러자 베드로는 내 발 뿐만이 아니라 손과 머리도 씻어 달라고 요청했다. 이때 예수님은 "이미 목욕한 자는 발 밖에 씻을 필요가 없느니라 온 몸이 깨끗하니라"(요13:9-10)고 하시며 다만 발만 씻으면 된다고 하셨다. 여기서 목욕을 한 사람이란 구원받은 사람을 의미한다. 그러기에 구원 받은 후 죄를 짓는 것은 발을 더럽히는 것 같은 것이기에 회개를 하면 된다. 그 죄로 인해 구원이 상실되는 것이 아니다. 그런데 만약 죄를 회개하지 않으면 점점 하나님과의 관계가 벌어져서 신앙생활에 문제가 생길 수 있게 된다.

그리고 일단 아담의 죄로 인해 인간의 육체는 한번 죽게 되어 있다. 그러기에 이 세상에 태어난 사람은 육신의 죽음을 맛보게 되어 있다. 만약 예수님이 재림하실 때까지 사는 사람은 육신의 죽음을 맛보지 않고 다른 부활체의 모습으로 변화될 것이다. 그러나 그렇지 않을 경우 누구나 한번은 육신의 죽음을 맞이 해야 한다. 그러나 중요한 것은 예수를 믿는 자들은 예수님이 재림하실 때 하나님이 주시는 죽지 않고, 썩지 않고, 아프지 않고, 그리고 늙지 않는 특별한 육체를 얻게 될 것이다. 그래서 우리의 영혼과 다시 만나 하늘나라에서 영원히 살게 될 것이다. 이것을 **'부활체'**라고 부른다. 물론 예수를 믿지 않던 자들도 부활을 할 것이다. 그러나 그들의 부활은 영원한 지옥에 가서 살기 위한 **"심판의 부활"**을 하게 될 것이다. 그러나 예수를 믿던 자들이 부활하는 목적은 하늘 나라에 가서 영원히 행복하게 주님과 함께 살기 위한 부활인 것이다. 결론적으로 말해서 육신적으로 한번 죽는 것은 히브리서 9장27절에서 말씀했듯이 정해진 사실이다. 이것은 처음 아담이 범한 죄 때문이다. 그러나 두 번째 아담이신 예수님이 우리를 살려 주셨기에 예수 믿는 자들은 새로운 부활체를 얻어 영원히 살게 될 것이다.

성경은 이스라엘의 역사만 아닌
인류의 역사

구속 사역에 대해 알아가기 전에 먼저 꼭 한 가지를 집고 넘어가야 할 중요한 것이 있다. 그것은 성경에 대한 오해이다. 이 오해를 풀지 않으면 절대 성경을 이해 할 수 없게 된다. 많은 사람들이 성경을 단지 이스라엘의 역사책으로만 잘못 알고 있다는 슬픈 일이다. 또한 예수님을 단지 이스라엘 나라를 로마로부터 해방시키기 위해 정치 운동을 하다 죽은 혈기 왕성한 청년 예수로 잘못 알고 있다는 것이다. 그리고 불행하게도 예수님의 존재를 단지 4대 성인들 중에 한 사람으로만 알고 있다는 것도 무척 가슴 아프고 슬픈 일이다. 이러한 오해는 성경이 무엇인지 잘모르는 무지에서 나오는 생각이다. 성경은 이스라엘의 역사책이 아니다. 물론 이스라엘의 역사도 많이 포함되어 있다. 그러나 성경은 인류의 역사를 다루는 책이다.

창세기 1장을 보면 우주만물이 만들어지는 과정에 대해 상세히 기록이 되어 있다. 그리고 인류가 어떻게 시작 되었는지에 대해 자세히 기록이 되어 있다. 이 사실은 성경이 온 인류의 역사를 다루는 책이라는 사실을 부인할 수 없는 증거이다. 창세기를 쭉 읽어 내려가다 보면 노아시대에 우주적인 홍수를 통해 전 인류가 멸망당하는 사건이 나온다. 그리고 홍수후에 하나님은 노아의 일곱 가족을 통해 다시 인류가 퍼져 나가도록 하셨다.

그런 후 온 인류에게 또 한 번의 거대한 사건이 일어나는데 그것이 바로 바벨탑 사건이다. 바벨의 사람들은 땅에 흩어져 충만하라는 하나님의 명령에 반기를 들고 흩어지기를 싫어했다. 그래서 그들은 자기들의 지식과 힘을 동원해서 바벨탑을 쌓아 올리려 했던 것이다. 그래서 하나님의 명령에 불순종하려고 시도했다. 그러나 하나님은 그들의 사악함을 아시고 서로 알아 듣지 못하도록 그들의 언어를 혼잡케 하시므로 인류가 전 세계로 흩어져 퍼지도록 만드셨다.

그리고 창세기 12장에 가서 하나님은 드디어 한 사람을 선택하셔서 부르신다. 그 사람이 바로 믿음의 조상이며 히브리 민족의 우두머리가 되는 아브라함이다. 하나님은 온 인류를 통해 구원역사를 이루어가시려고 계획하셨지만 인류는 거듭되는 죄로 인해 하나님의 뜻을 따르지 않았다. 그래서 하나님은 한 사람을 부르셔서 한 민족과 나라를 이루도록 하시고 그 나라를 통해 인류를 구원하실 메시아이신 예수 그리스도를 보내실 계획을 세우신 것이다. 그리고 하나님은 하나님의 구속 사역을 이루어 나가시기 위해 이스라엘 백성과 나라를 사용하셨던 것이다. 그러기에 성경에서 이스라엘 역사가 들어 있는 것은 당연한 것이다. 이스라엘 백성들은 하나님의 구속 사역의 도구로 쓰임받은 중요한 백성들이다. 그러기에 성경은 이스라엘 나라의 책이 아니며 역사책도 아니다. 또한 하나님은 이스라엘의 하나님 만이 아니라 온 인류의 하나님이신 것이다.

족장시대(창12-50장)

하나님은 아브라함을 부르시고 하나님이 이루어가실 구속 사역을 그로부터 시작하신다. 아브라함, 이삭, 야곱, 그리고 요셉까지를 족장이라고 부르며 그리고 그들이 살았던 시대를 족장시대라고 부른다. 하나님께서 아브라함을 부르시고 이렇게 약속하셨다.

"여호와께서 아브람에게 이르시되 너는 너의 본토 친척

아비 집을 떠나 내가 네게 지시할 땅으로 가라 내가 너로 큰 민족을 이루고 네게 복을 주어 네 이름을 창대케 하리니 너는 복의 근원이 될찌라 너를 축복하는 자에게는 내가 복을 내리고 너를 저주하는 자에게는 내가 저주하리니 땅의 모든 족속이 너를 인하여 복을 얻을 것이라 하신지라"(창12:1-3).

하나님은 아브라함을 부르서서 모든 민족의 복의 근원으로 삼으실 것을 약속하셨다. 이때 하나님은 아브라함을 단지 이스라엘의 한 민족의 복의 근원으로 삼을 것이라고 말씀하시지 않으셨다는 것이다. 하나님은 그를 모든 민족의 복의 근원으로 삼으신 것이다.

그래서 갈라디아서 3장 6-7절에서 "아브라함이 하나님을 믿으매 이것을 그에게 의로 정하셨다 함과 같으니라 그런즉 믿음으로 말미암은 자들은 아브라함의 아들인 줄 알찌어다." 라고 증거를 하는 것이다.

모든 족속이란 이 세상에 사는 모든 사람들을 다 포함한다. 그리고 예수 그리스도가 오신 이후에 그 예수님을 믿음으로 받아 들이는 모든 자들은 영적으로 아브라함의 자손이 되는 것이다. 아브라함의 영적인 자손이 되는 것은 단지 이스라엘 백성 뿐만이 아니라 온 세계에 사는 모든 족속들에게 주어진 약속이다. 그러기에 예수님께서 죽으시고 삼일 만에 부활 하신 후 제자들과 함께 40일을 거하시다 하늘 나라로 돌아가실 때 제자들에게 명령하신 것이다.

"그러므로 너희는 가서 모든 족속으로 제자를 삼아 아버지와 아들과 성령의 이름으로 세례를 주고…" (마28:19).

여기서 이스라엘 민족에게 가라는 제한된 명령을 하시지 않으셨다. 모든 민족을 제자로 삼으라고 하셨다. 왜냐하면 하나님은 온 인류의 하나님이시지 이스라엘만의 하나님이 아니시기 때문이다.

그러므로 족장들은 이 하나님의 약속의 말씀을 붙잡고 하나님을 섬기며 사는 것을 최우선으로 삼았다. 그리고 계속적으로 하나님의 약속을 잊지 않도록 하기 위해 다음 세대에게 약속의 말씀을 전수했던 것이다. 아브라함은 이삭에게, 이삭은 야곱에게, 야곱은 요셉의 두 아들에게 하나님의 약속을 믿고 축복을 했던 것이다. 왜 하나님은 이런 방법을 사용하셨을까? 하나님의 말씀을 순수하게 이어가도록 하시기 위해서였다.

다른 나라에서 객이 됨(창46:28-출12:36)

하나님은 아브라함에게 그의 자손이 이방나라에 가서 객이 되어 살면서 그 나라를 섬길 것이라고 하셨다. 그들이 그냥 이방 나라에서 사는 것이 아니라 종과 같이 그들을 섬길 것이며 괴로움을 당할 것이라고 하셨다. 이 말씀은 아브라함의 후손이 애굽이라는 나라에 가서 종살이를 하며 400년 동안 살 것을 말씀하신 것이다(창15:13).

이 일이 이루어지기 위해 야곱의 12명의 아들 중 11번째 아들인 요셉이 다른 형제들로부터 미움을 받게 된다. 요셉의 형제들은 요셉이 아버지의 특별한 사랑을 받는 것을 시기했다. 또한 요셉이 하나님이 주신 꿈을 가지고 있다는 이야기를 들었을 때 그들은 더욱 미워하기 시작했다(창37:1-11). 그래서 요셉의 형제들은 아버지의 심부름으로 자기들을 찾아온 요셉을 잡아 죽이려 계획을 세웠지만 형 르우벤이 죽이지 말고 구덩이에 던져 넣자고 제안을 했다. 그 후 유다의 제안으로 요셉은 미디안 상인들에게 팔리게 된다(창37:18-36). 그래서 요셉은 목숨은 건지게 되었지만 미디안 장사꾼들에게 팔려 가는 신세가 되었다. 미디안 장사꾼들은 요셉을 애굽으로 끌고가서 바로의 친위대장인 보디발에게 팔아 넘겼다. 그러므로 요셉은 졸지에 야곱의 가장 사랑 받던 아들의 신분에서 졸지에 종의 신세가 되었다. 요셉은 그 집에서 가정 총무의 직책을 맡아 일하게 되었는데 하나님은 요셉을 통해 보디발의 집에 놀라운 축복을 허락해 주셨다(창39장). 그러나 요셉은 보디발의 아내의 유혹으로 인해 모함을 받게 되어 감옥에 갇히는 신세가 된다. 하나님은 감옥에서도 요셉과 함께 하시므로 은혜를 받아 간수장의 신임을 얻도록 해 주셨다(창39:22-23).

요셉은 감옥에서 있는 동안 바로의 떡굽는 관원장과 술따르는 관원장의 꿈을 해석해 주는 기회를 얻게 되었다. 요셉은 술따르는 관원장에게 자기의 억울함을 바로 왕에게 이야기해 주므로 감옥에서 나갈 수 있도록 해달라고 부탁을 한다. 술관원장은 요셉이 꿈을 해석해 준대로 직위는 회복되었지만 그러나 요셉과의 약속을 까맣게 잊어버린다(창40장).

그러나 2년 후에 바로 왕은 앞으로 일어날 일에 대한 하나님이 주시는 무서운 꿈을 꾸게 되었다. 바로가 꾼 꿈을 해석할 수 있는 사람이 애굽에는 단 한 사람도 없었다. 모든 술객들을 불렀지만 그 꿈을 해석하지 못해서 바로는 두려움에 빠져 있었다. 이때 술따르는 관원장은 그때야 감옥에 있던 요셉을 기억해 내고 바로 왕에게 요셉을 소개시켜 준다. 그리고 요셉은 하나님의 지혜로 바로의 꿈을 해석해 주므로 바로에게 기쁨을 안겨준다(창41장).

바로가 꾼 꿈은 앞으로 일어날 7년 동안의 풍년과 곧 바로 따를 7년 동안의 흉년에 대한 꿈이었다. 하나님의 지혜로 그 꿈을 해석한 요셉은 바로의 신임을 얻어 애굽의 국무총리로 등극하게 되었다. 그리고 요셉은 흉년으로 인해 애굽으로 양식을 얻기 위해 찾아온 자기 형들을 만나게 된다(창41장). 그리고 요셉은 모든 가족들을 애굽으로 불러 들이므로 흉년으로부터 그들을 구해 주는 귀한 역할을 감당한다. 그러므로 하나님이 말씀하신 아브라함의 자손들이 이방 나라에서 종이 되어 400년을 섬길 것이라는 말씀이 이루어지게 된 것이다.

인구가 늘어남(출1:8-22)

하나의 나라로 형성되어 독립적인 나라가 되려면 세 가지의 조건을 갖추어야 한다. 첫째는, 국민이 있어야 한다. 둘째는, 영토를 가지고 있어야 한다. 그리고 마지막으로, 그 나라를 이끌어갈 법이 있어야 한다.

하나님은 이스라엘이라는 나라를 하나의 독립된 나라로 형성하여 하나님의 구속계획을 이루어 갈 수 있는 도구로 사용하시려는 계획을 가지고 계셨다. 그러기에 그 당시 최대 강대국이라고 불리는 애굽 땅에 요셉을 통해 야곱의 가족이 들어가도록 길을 열어 주셨다. 그리고 애굽에서도 가장 비옥하다고 소문이 난 고센이라는 땅에 아브라함의 후손들이 살도록 하셨다. 그리고 그곳에서 430년 동안 후손들이 번성하도록 하셨으며 그들이 애굽을 나올 때에는 장정들만 60만 명이었으니 거대한 민족으로 형성된 것이다.

하나님이 얼마나 그 민족을 번성하도록 하셨는지 애굽 왕 바로와 그 백성들이 두려워 할 정도였다. 바로와 애굽의 백성들은 히브리 민족이 너무 강성해지자 두려움을 느끼기 시작했다. 그래서 히브리 민족을 약화시키려는 정책을 실시 했다. 그래서 바로는 히브리 산파들을 불러서 만약 남자 아이가 태어나면 무조건 죽이고 여자 아이가 태어나면 살려 두라고 명령했다. 그러나 히브리 산파들은 하나님을 경외하는 자들이었다. 그래서 그들은 태어나는 모든 히브리 아이들을 살려 주었다. 바로가 히브리 민족을 멸살 시키려 해도 하나님의 역사로 말미암아 더 번성하게 되었다. 그래서 아브라함의 후손은 애굽으로 이민 갈 때는 겨우 70명이었지만 애굽을 나올 때에는 강하고 거대한 하나의 민족으로 형성되었던 것이다. 장정만 60만 명이었으니 노인, 부녀자, 그리고 아이들까지 다 포함한다면 2백만에서 2백50만 명은 족히 넘고도 남는 민족으로 형성된 것이다.

애굽의 종에서 해방

   아브라함의 후손들은 하나의 거대한 민족으로 형성되었을
뿐만 아니라 하나님이 약속하셨던 430년이라는 기간이 되자
하나님은 그들을 약속의 땅인 가나안 땅으로 데려 가시기 위
해 위대한 지도자 한 명을 세워 주셨다. 그의 이름은 모세다.
모세는 바로 왕이 히브리 남자 아이들을 전멸시키려던 시점
에 태어난 아이였다. 바로의 명령으로 인해 모세의 부모는 3
개월 동안 숨겨 키웠으나 더 이상은 그렇게 할 수 없다는 것
을 알고 아기를 바구니에 넣어 물 위에 떠내려 보냈다. 그때
마침 물에서 수영을 하며 놀던 바로의 공주가 그 바구니에 담
긴 아기를 발견한 것이다. 공주는 그 아기를 물에서 건져내었
다. 그 공주는 그 아이가 히브리 남자, 즉 노예의 아이라는 사
실을 알면서도 그에게 모세라는 이름을 지어 주었고 자기의
아들로 삼았다(출2:1-10). 이게 바로 하나님의 섭리와 주관하
심이라는 사실을 확실하게 볼 수 있다.
   바로의 공주는 이 아이를 키울 유모를 찾았다. 이때 모세의
누이인 미리암이 바로의 공주에게 모세의 친 어머니를 유모
로 소개한 것이다. 그래서 모세는 자기 엄마의 품에서 젖을
먹으며 자라게 되었다. 그뿐 만이 아니라 그는 자라면서 히브
리 신앙과 문화를 배우며 자라게 된 것이다.

모세는 바로의 궁전에서 40년을 살면서 애굽의 모든 학술과 학문도 다 배울 수 있었다. 그러나 어느날 모세는 이스라엘 사람과 애굽 사람이 싸우는 것을 보게 되었다. 모세는 자기 종족인 히브리 사람을 구하기 위해 애굽 사람을 쳐 죽였다. 그러나 그 일이 발각되므로 모세는 살인자로 몰려 미디안 광야로 도망을 쳐야 했다. 모세는 미디안 광야에서 40년 동안 양을 치며 광야에서 훈련을 받게 되었다. 광야의 40년 동안의 훈련기간이 끝나자 하나님은 모세를 불타는 떨기 나무 가운데서 부르시고 만나 주셨다. 그리고 하나님은 모세를 이스라엘의 지도자로 부르셨으며 애굽으로 돌아가라고 하셨다. 그리고 이스라엘 백성들을 이끌고 애굽에서 나와 아브라함에게 약속하셨던 가나안 땅으로 들어가라고 하셨다(출2-3장).

그런데 모세가 애굽으로 돌아가려고 할 때 하나님은 모세를 죽이려고 하셨다. 왜 그렇게 하신 것일까? 하나님의 언약의 약속인 할례를 준행하지 않았기 때문이다. 할례란 하나님과의 언약을 맺었다는 것을 상징하는 표시로서 행하도록 하셨다. 할례는 남자 성기의 표피를 잘라내는 의식이다. 하나님은 이 할례를 행하게 하시므로 하나님과 약속을 맺은 백성이라는 중요한 의식을 만들어 주신 것이다. 할례란 자신이 하나님께 속했으며 오직 하나님만 섬겨야 할 존재임을 고백하는 증표였던 것이다. 하나님은 모세를 이스라엘 민족을 애굽에서 이끌어낼 영적 지도자로 선택하셨다. 이 할례란 아브라함과 맺은 언약이다(창17:9-14). 그러기에 아브라함의 후손들은 누구나 그것을 행해야 했다. 그렇지 않으면 죽임을 당하게 될 정도로 엄하게 다루시는 약속이었다. 그런데 더더군다나 하나님의 일을 감당해야 할 지도자로 세움 받은 모세가 그 할례를 자기 자식에게 행하지 않았던 것이다. 그런데 왜 하나님은 모세를 죽이시려고 하셨던 것일까? 이때 십보라가 빨리 차돌을 취하여 아들에게 할례를 행했다. 이것으로 보아 모세가 아들의 할례를 행하고자 할 때 아내 십보라가 막았던 것으로 추측할 수 있다. 그렇다면 하나님이 십보라를 죽였어야 하는데 하나님은 모세를 죽이시려고 하신 것일까? 하나님은 남자를 그 가정의 영적 지도자로 세워 주셨다. 그 일을 감당하지 못할 때 가정에 문제가 생기는 것이다. 그리고 그 잘못된 것을 물론 그 일을 행한 사람에게도 물으시겠지만 일차적으로 가장에게 물으신다는 원리를 찾을 수 있다. 십보라는 그 일이 있은 후 다시 친정으로 돌아가서 살아야 했으며 모세가 애굽을 나와 광야 생활할 때에야 비로서 모세와 합해지는 고통을 겪어야 했다. 다시 한번 하나님의 언약은 중요하다는 것을 인식시켜 주시고 또한 가정의 영적 가장이 얼마나 중요한 역할인지를 인식시켜 주시는 말씀이다.

애굽에 내린 열 가지 재앙들(출7:14-10:29)

　하나님께서는 이스라엘 백성들이 애굽을 떠나기 전에 하나
님의 능력을 체험할 수 있도록 바로와 애굽 땅에 10가지의 재
앙을 내리셨다. 하나님은 10가지의 재앙을 통해 이스라엘 백
성들이 자기들을 인도하시는 하나님이 어떤 능력자이신지를
알고 순종하며 그 땅으로 들어가기를 원하셨다. 그래서 오랫
동안 애굽의 문화와 종교에 물들어 있던 이스라엘 백성들의
믿음을 회복시키시려는 계획을 세우신 것이다. 그래서 하나
님은 애굽 사람들이 믿던 10가지 신들을 차례대로 징벌하시
므로 이스라엘 백성들이 그곳에서 보고 배웠던 잘못된 생각
들을 버리도록 하셨다. 그래서 그들로 하여금 오직 하나님만
신뢰하며 애굽을 떠나 약속의 땅으로 들어가 하나님만을 섬
기기를 원하셨던 것이다.

유월절(출12장)

　하나님은 마지막 재앙인 장자의 죽음을 통해 유월절을 재
정하셨다. 유월절은 "넘어가다"라는 의미이다. 하나님은 어

린 양을 잡아 각 집의 문 좌우 설주와 인방에 바르라고 하셨다. 그러면 장자들이 죽음을 당하지 않을 것이라고 하셨다. 하나님의 말씀을 믿고 순종하여 자기 집의 문 좌우 설주와 인방에 어린 양의 피를 바른 자들의 집에는 하나님이 보내신 죽음의 천사가 그냥 넘어서 지나간 것이다. 그리고 그 집안에 있던 모든 사람들의 생명과 장자의 생명이 보호받았던 것이다. 그러나 하나님의 말씀을 듣고도 무시하고 어린 양의 피를 바르지 않은 애굽의 모든 장자 즉, 바로의 장자로부터 시작하여 모든 종의 장자와 첫번째 태어난 동물의 첫새끼들까지 모두 죽임을 당하였다.

이 유월절 날 잡았던 어린 양은 예수 그리스도를 예표한다. 예수 그리스도가 이 세상에 어린 양으로 오셔서 모든 인류의 죄를 지시고 십자가 위에서 피를 흘리고 죽으실 것을 예표하는 것이다. 그러므로 예수 그리스도를 구원자로 믿는 자들은 예수님의 피를 영혼에 바르는 것과 마찬가지이다. 그러면 그 예수님의 피로 인해 죽음을 당하지 않고 영원히 살 수 있는 생명을 얻게 되는 것이다.

구약 시대나 신약 시대나 오직 구원 받을 수 있는 유일한 길은 예수 그리스도 뿐이다. 구약의 성도들은 구원자이신 예수님이 오셔서 죄를 대속해 주실 것이라는 믿음으로 유월절에 어린 양을 잡았으며 희생제물이나 속죄제물을 드릴 때 예수 그리스도를 예표함을 믿고 믿음으로 행하므로 구원을 받았다. 또한 신약의 신자들은 이미 오셔서 대속제물로서 십자가에서 이루어 놓으신 그 분의 공로를 믿는 믿음으로 구원을 받게 되는 것이다. 그러기에 예수 그리스도를 믿는 자들은 구원 받게 되지만 다른 방법으로 구원을 받고자 하는 사람들은 애굽에 내린 재앙으로 인해 모두 죽음을 당한 것처럼 하나님의 심판을 받게 될 것이다.

드디어 하나님은 이스라엘 백성들이 하나님의 구원 계획을 이룰 수 있는 나라로 준비가 되자 장자의 죽음을 마지막으로 애굽을 초토화시키고 이스라엘 백성들을 애굽에서 가나안 땅으로 이끌어내셨던 것이다.

광야에서의 놀라운 경험

이스라엘 백성은 모세를 선두로 가나안 땅을 향해 나아갔다. 그들이 애굽을 출발한지 2개월 정도 지났을 때 시내산에 도착하게 되었다. 그들이 2개월 동안 오는 과정 중에 다양한 일들이 많이 일어났다. 바로가 이스라엘 백성들을 보낸 것을 후회하고 뒤쫓아오는 일도 일어났다. 이스라엘 백성들의 뒤에는 바로의 군대가 쫓아오고 이스라엘 백성들의 앞에는 거대한 홍해가 가로막고 있었다. 인간들의 눈으로 보면 이제 그들 모두는 다 몰살 당하게 될 위기에 처해 있었던 것이다. 그러나 능력의 하나님은 홍해를 가르시므로 이스라엘 백성들을 마른땅 같이 홍해를 걸어서 건너가도록 해 주셨던 것이다. 그러나 이스라엘 백성들을 쫓아 따라 들어갔던 애굽의 군대는 하나님이 바다의 물을 다시 제자리로 돌려 보내시자 모두 몰살 당하고 말았다(출14장).

또한 가나안 땅으로 가던 중간에 이스라엘 백성들은 아말렉군의 공격으로 인해 어려움을 당했지만 모세와 아론, 훌이 합심하여 하나님께 기도하고 여호수아는 나가서 아말렉군과 싸울 때 하나님께서 역사해 주시므로 승리를 거두게 되었다(출17:8-16). 그리고 마라의 쓴 물을 달게 해 주시므로 광야에서 목마름도 해결해 주셨다(출15:22-25).

하나님이 십계명을 주심(출20장)

이스라엘 백성들이 애굽에서 출발하여 시내 산까지 약 2개월 걸려 그곳에 도착했다. 그리고 그들은 시내산에서 머무는 약 9개월 동안 십계명도 주시고 성막도 만들도록 하셨다. 한 국가가 정식으로 형성되기 위해서는 꼭 필요한 것이 세 가지가 있다. 국민이 있어야 하고, 법이 있어야 하며 그리고 영토가 있어야 한다. 하나님은 이스라엘 백성들이 한 국가로 형성되기에 충분한 숫자로 애굽에 있는 동안 성장시켜 주셨다. 그러기에 그 다음으로 그들에게 필요한 것은 질서를 유지하기 위한 법이었다. 왜냐하면 많은 사람들이 같이 살아가는 공동체에서 질서를 유지 하기 위해서는 반드시 법이 필요하기 때문이다.

하나님께서 먼저 돌판으로 만드신 열 가지의 계명을 주시고 차츰 하나님을 섬기는 법과 사람과 사람들 사이에 지켜야 할 세밀한 법을 주셨다. 십계명이란 하나님이 인간들이 꼭 지키며 살아야 할 열 가지의 법이다. 첫 번째부터 네 번째까지의 계명은 먼저 인간이 하나님을 어떻게 섬겨야 하는지에 대한 법이다. 그리고 다섯 번째부터 열 번째까지의 법은 인간들이 어떻게 인간들을 대하며 살아야 하는지에 대한 법이다. 그리고 하나님은 모세 오경인 율법서를 통하여 613가지의 다양한 법들을 주셨다. 613가지의 법은 200만 명이 넘는 사람들끼리 서로 존중하며 보호받으며 하나님을 섬기며 안전하게 살기 위해서는 절대적으로 필요한 법들이었다. 그들이 이법만 잘 지킨다면 질서가 전혀 깨지지 않을 수 있는 기본적인 법들이었다. 지금은 더 세분화 되어 헤아릴 수 없는 많은 다양한 법들이 생겨났지만 이러한 다양한 법들이 만들어지는데 기초가 된 것이 바로 하나님이 이스라엘 백성들에게 주신 율법이다.

성막을 지으라 하심(출25-31장)

성막이란 하나님께서 직접 설계하셔서 모세에게 만들도록 지시한 것이다. 성막은 하나님께서 사람들을 만나 주시는 장소였다. 죄를 지은 인간들은 직접 하나님을 만날 수가 없다. 죄인들이 거룩하신 하나님을 만나면 죽게 된다. 그러기에 하나님은 성막을 통하여 하나님이 지시하시는 방법으로 대제사장과 제사장을 통하여 인간들이 하나님을 만날 수 있도록 허락해 주셨던 것이다.

성막은 성소와 지성소로 나누어져 있다. 성소에는 제사장이 매일 들어가 하나님을 섬기는 일을 하는 곳이다. 성소에는 떡상이 있고, 향단과 촛대가 있다. 그리고 지성소에는 하나님의 언약궤가 있는데 그 언약궤 안에는 하나님이 기록하신 십계명의 두 돌판과 만나가 들어 있는 항아리와 그리고 아론의 싹난 지팡이를 넣어 두라고 하셨다(히9:1-10). 그리고 언약궤 위에는 죄를 용서 받을 수 있는 속죄소가 있으며 그 속죄소 위에는 두 천사가 날개를 활짝 펴서 속죄소를 덮고 있다.

또한 성막은 죄인들이 죄를 용서 받을 수 있도록 하나님이

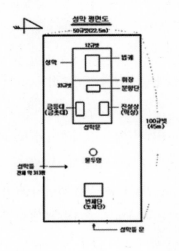

길을 열어 주신 특별한 장소이다. 지성소와 성소는 휘장으로 가로막혀 있으며 지성소 안에는 일년에 한 차례 속죄일 날(7월10일) 대제사장만이 그곳에 들어가 이스라엘 백성들의 모든 죄를 속죄 받을 수 있는 곳이었다. 지성소에는 아무나 들어갈 수 있는 곳이 아니며 오직 대제사장만이 일 년에 한 차례 들어갈 수 있었다(히9:10).

구약의 성도들은 죄를 짓게 되면 하나님이 지시하신 합당한 제물들 즉, 소, 양, 염소, 비둘기, 등을 끌고 이 성막으로 와서 제사장에게 바친다. 그러면 제사장들은 그 사람의 죄를 각 짐승 위에 안수를 하므로 죄를 옮긴다. 그리고 그 짐승을 잡아 피를 뿌리고 하나님께 번제물로 드린다. 그러면 그 사람의 죄는 용서 받게 되는 것이다. 그러나 이러한 죄의 용서는 영구적인 것이 아니라 임시적인 것이다. 죄를 질 때마다 또 다른 제물을 드려 죄를 용서 받아야 했다. 하나님은 구약시대에 이런 제사법을 통해 인간들이 반복해서 죄를 용서 받는 일을 하도록 하신 목적이 있다. 제물을 드려 죄를 용서 받는 제사법은 예수 그리스도를 상징하는 것이다. 우리의 구원자가 되시는 예수 그리스도가 오셔서 십자가에서 죽으시고 부활하시므로 죄로 인해 사망의 권세 아래 놓여 있는 죄인들을 구원해 주실 것을 예표하는 것이다. 그러기에 예수님이 십자가에서 운명하실 때 성전의 휘장이 위에서부터 아래까지 찢어졌던 것이다. 둘로 나뉘어져 있던 성소와 지성소가 하나가 된 것이다. 예수님께서 십자가 위에서 단 한번의 죽음으로 모든 죄를 용서 받도록 하신 것이다. 그러기에 예수님이 십자가에서 구원을 완성하신 후로는 더 이상 제사를 행하지 않게 된 것이다. 또한 제사장이나 대제사장의 역할이 더 이상 필요없게 된 것이다. 왜냐하면 예수님이 대제사장으로서 완전한 구원을 이루어 주셨기 때문이다.

"예수께서 다시 크게 소리 지르시고 영혼이 떠나시다 이에 성소 휘장이 위로부터 아래까지 찢어져 둘이 되고 땅이 진동하며 바위가 터지고"(마 27:50-51).

예수님께서 십자가에서 죽으시기 전까지는 죄인들을 위해서 인간의 대제사장들의 중재가 절대로 필요했었다. 왜냐하면 그들은 예수님이 오셔서 하실 역할을 대신 맡아서 했던 사람들이다. 그러나 이제는 예수님이 어린 양으로 오셔서 십자가에서 죽으시므로 그 피의 공로를 믿고 의지하는 자들마다 더 이상 죄 사함의 어린 양이 필요 없게 된 것이다.

"저가 저 제사장들이 먼저 자기 죄를 위하고 다음에 백성의 죄를 위하여 날마다 제사 드리는 것과 같이 할 필요가 없으니 이는 저가 단번에 자기를 드려 이루셨음이니라"(히 7:27).

육신을 가진 제사장들은 제물을 드리러 성막에 나갈 때에 자신들의 죄를 위해 먼저 제물을 드려 자신을 깨끗하게 한 다음에야 백성들을 위해 중재를 할 수 있었다. 그러나 예수님은 하나님의 아들로서 죄가 없으신 분이시기에 그럴 필요가 없으셨다. 죄인들은 죄를 질 때마다 짐승의 제물을 다시 드려야 했지만 예수님은 완전하신 제물이시기에 단 한 번으로 영원히 죄를 용서해 줄 수 있기에 더 이상 제물을 드릴 필요가 없는 것이다. 그러기에 예수님이 십자가에 죽으시고 부활하신 이후로 구약에서부터 내려오던 '죄 사함의 제사법'이 폐지된 것이다.

광야에서 불순종과 방황 생활(민13-14장)

하나님은 이스라엘 백성들을 가나안 땅으로 인도하셔서 하나님이 통치하시는 나라로 세우시고 죄인들을 구원할 메시야를 이 땅에 보내실 통로로 사용하시고자 계획하셨다. 하나님은 이스라엘 백성들이 믿음으로 순종하길 원하셨다. 그런데 아직 이스라엘 백성들은 하나님이 주실 약속의 땅에 들어갈 수 있는 믿음의 준비가 되어 있지 않았다. 그들의 불순종의 모습이 드러나는 사건이 광야에서 발생했던 것이다.

이스라엘 백성들은 가데스바네아라는 곳에 도착했을 때였다. 그곳은 가나안 땅으로부터 얼마 떨어지지 않은 아주 가까운 거리에 그들이 도착한 것이다. 이제 조금만 더 가면 이스라엘 백성들은 오매불망 소망하던 약속의 땅에 들어가게 된다. 이때 하나님은 그들이 들어가야 할 땅이 얼마나 좋은 땅인지 보여 주시려고 하셨다. 그들이 직접 그 땅을 보고 오면 더 기쁘게 하나님께 감사하며 들어가고 싶은 간절한 마음의 소원을 가지고 들어가도록 하기 위해서였다. 그래서 이스라엘의 12지파들 중에서 한 명씩 대표를 뽑으라고 하셨다. 그리고 그들로 하여금 약속의 땅에 들어가 미리 탐지하고 돌아와 백성들에게 보고 하라고 하셨다. 12명의 정탐꾼들은 귀한 사명을 띠고 가나안 땅에 들어가 두루다니며 이곳 저곳을 다 둘러 보았다. 그들이 온 땅을 다 돌아보는데는 '40일의 시간' 이 걸렸다. 그리고 그들은 자기들이 정탐한 그 땅이 얼마나 좋은 곳인지 보여 주기 위해 그 땅의 실과를 가져왔다. 그들은 포도 가지를 베어 막대기에 꿰어 두 사람이 메고 왔다. 이 정도로 가나안 땅은 하나님이 말씀하신 대로 젖과 꿀이 흐르는 좋은 땅이었던 것이다.

12명의 정탐꾼들은 정탐을 다 마치고 이스라엘의 회중에게로 돌아와서 보고를 했다. 하나님이 약속해 주신 그 땅은 정말로 젖과 꿀이 흐르는 땅이라고 보고를 시작했다. 그러면서 가지고 온 포도와 석류와 무화과를 보여 주었다. 그런데 그들이 여기까지만 이야기 하고 '자, 우리 다 같이 올라갑시다. 그리고 그 땅을 취합시다.' 라고 했다면 아주 좋았을 것이다. 그런데 그 다음에 그들의 입에서 불신앙적인 말이 나오기 시작한 것이다. 그곳에 사는 거민은 강하고 성읍은 견고하고 심히 클뿐 아니라 아낙 자손을(거인) 보았다고 했다. 그리고 그들과 자신들을 비교하면서 자기들이 마치 메뚜기와 같은 모습이기에 그들을 이긴다는 것은 불가능하다고 말했다. 만약 자기들이 그곳으로 들어간다면 모두 죽임을 당할 것이라고 말하므로 백성들로 하여금 두려움에 빠지도록 유도했던 것이다.

그러나 이때 정탐꾼으로 함께 갔던 갈렙과 여호수아는 백성들의 불신앙을 잠재우고 믿음으로 이끌고자 시도했다. 그래서 여호수아와 갈렙은 여호와가 우리와 함께 하시고 기뻐하신다면 반드시 우리를 그땅으로 인도하실 것이니 우리가 하나님을 믿고 올라가서 그 땅을 차지하자고 외쳤다.

그러나 다른 10명의 정탐꾼들은 그때부터 더 불신앙적인 말들을 하기 시작했다. 절대로 우리는 가나안 땅에 사는 사람들을 이길 수 없다는 것이다. 그 이유는 그들이 우리보다 몇 배 더 강하기 때문이라고 목소리를 높였다. 그러면서 그들은 자기들이 그렇게 좋다고 자랑하던 그 땅에 대해 악평을 하기 시작했다. 만약 그 땅에 들어가면 신장이 장대한 거민들에 의해 모두 죽음을 당할 것이라고 했다. 자기들은 마치 메뚜기와 같이 연약한 존재들이지만 가나안에 살고 있는 족속들은 모두 대장부와 같기에 절대로 들어가서는 안된다고 했다. 그 열 명의 불신앙의 보고를 들은 이스라엘 백성들은 밤새도록 엉엉 울면서 하나님과 모세를 향해 원망의 언성을 높였다.

이스라엘 백성들이 이곳에 올 때까지는 가나안 땅에 들어간다는 꿈에 부풀어 있었다. 그러나 불신앙의 마음이 되자 여호와 하나님께 원망하는 악한 마음으로 변한 것이다. 어찌하여 우리를 이곳으로 인도해 내어 자기들을 죽이려고 하느냐고 원망을 했다. 차라리 애굽에서 죽든지 광야에서 죽는 것이 좋았을 것이라고 했다. 자기들의 처자가 다 잡혀 죽게 되었으니 이제 모세를 따르지 말고 자기들이 원하는 다른 지도자를 뽑아 애굽으로 다시 돌아가자고 외치는 것이다.

그러나 갈렙과 여호수아는 가나안 사람들이 아무리 강해 보이고 장대한 거인이라 할지라도 하나님은 그들과 함께하시지 않으시며 우리와 함께하시기에 반드시 우리가 승리할 것이라고 믿음으로 설득했다. 그러나 백성들은 여호수아와 갈렙의 말을 듣지 않고 오히려 그렇게 말하는 그들을 돌로 치려고 달려 들었다. 이렇게 불순종으로 행동하는 백성들을 향해 하나님은 이들이 "나를 멸시하는 것이다"라고 말씀하셨다. 그러면서 하나님은 불신앙의 사람들에게 이런 선언을 하셨다. 12명의 정탐꾼들이 가나안 땅을 탐지하기 위해 사용되었던 40일의 하루를 일 년씩으로 계산하여 40년간 자신들의 죄악을 지고 광야에서 방황하며 살다가 죽을 것이라고 하셨다.

이 말씀을 해석한다면 애굽에서 나올 때 20세 이상인 사람들은 약속의 땅에 들어가지 못하고 모두 광야에서 죽어야 한다는 것이다. 왜냐하면 그들이 이런 불신앙으로 약속의 땅에 들어간다 할지라도 어차피 불순종하므로 하나님의 뜻대로 살지 않을 것이기 때문이다. 그러면 하나님의 구원 계획도 이루지 못하는 민족이 되기 때문이다. 그래서 하나님을 신뢰하지 못하는 모든 자들이 다 죽을 때까지 광야에서 방황하도록 하신 것이다. 그리고 40년 동안 새로운 세대가 자라나 믿음으로 준비해서 약속의 땅으로 들어가도록 계획하신 것이다. 그래서 애굽에서 나온 1세대는 40년 동안 방황하다 모두 광야에서 죽고 말았다. 그러나 그들의 입으로 가나안 땅으로 들어가면 그 거민에게 잡혀 반드시 죽음을 당할 것이라고 말했던 그들의 어린 자녀들은 모두 약속의 땅에 들어가서 약속의 땅을 차지하도록 하셨던 것이다.

가나안 땅 입구에서의 준비(신명기)

신명기는 모세가 가나안 땅의 입구에 도착했을 때 새로운 세대를 향해 설교한 말씀이다. 애굽에서 나왔던 이스라엘 백성들의 1세대들은 광야에서 40년 동안 방황하던 기간 동안 모두 죽었다. 이제 가나안 땅으로 들어가기 위해 입구까지 온 사람들은 새로운 세대들이다. 그러기에 그들은 하나님이 애굽 땅에서 행하셨던 열 가지의 재앙이나 홍해를 가르시면서 인도해 주셨던 하나님의 위대한 능력을 잘 모르는 사람들이다. 광야에서 하나님이 기적을 베풀어 주셨지만 그들은 어린 시절이었기에 잘 모르고 지나왔을 것이다. 그래서 모세는 그들에게 설교를 통해 하나님이 애굽에서부터 현재 그들이 서 있는 그 장소까지 어떻게 인도해 주셨는지를 차근차근 가르쳐 준 것이 신명기이다. 지나온 기억들을 되새기면서 하나님이 그들을 얼마나 자상하게 인도해 주셨는지를 알도록 차근차근 가르쳐 주었다. 그래서 새로운 세대들로 하여금 하나님만을 절대적으로 신뢰하도록 훈련을 시키는 시간이었다. 새로운 세대들이 가나안 땅에 들어가면 하나님의 뜻과 계획에 순종하도록 하려는 것이었다.

신명기는 모세가 설교한 세편의 설교로 구성되어 있다. 첫번째 설교는, 이스라엘 백성들이 과거를 뒤돌아 보도록 하므로 불신앙으로 인해 빚어진 여러가지 잘못된 결과에 대해 반성하도록 하는 설교이다(신1-4장).

그리고 두 번째 설교는, 지금 현재 어떻게 하나님의 말씀과 법을 잘 지키며 살아야 하는가에 대해 가르쳐 주는 설교이다(신5-26장).

그리고 세 번째 설교는, 앞으로 가나안 땅에 들어가면 하나님의 말씀에 어떻게 순종하며 살아야 하는지에 대해 가르쳐 주므로 마음에 결단하도록 하는 설교이다(신27-33장).

하나님의 말씀에 순종하며 살게 되면 하나님이 주시는 축복을 다 받아 누리며 살게 되지만 만약 불순종 할 경우에는 저주가 임한다는 것을 올바로 알고 선택하며 살라는 권면의 메시지였다. 여기서 모세는 가나안 땅으로 들어갈 새로운 세대들을 말씀으로 무장시켰다.

모세의 불순종의 결과(민20:1-12; 신1:27)

하나님은 민수기 20장에서 모세에게 반석을 향해 명령을 하므로 물이 나오도록 하라고 지시하셨다. 그러나 모세는 이스라엘 백성들의 완악한 모습을 보고 분노하므로 반석에게 명령만 내리지 않았다. 그는 명령과 함께 반석을 두 번이나 치고 말았다. 물론 모세가 명령과 함께 반석을 칠 때 반석에서 물은 나왔다. 그러나 모세가 하나님의 말씀에 불순종한 것으로 인해 가나안 땅에 들어갈 수 있는 자격을 박탈 당하고 말았다. 그래서 그는 가나안 땅에 들어가지 못하고 가나안 땅의 입구에서 죽을 수 밖에 없었다.

하나님은 모세와 같이 위대한 지도자라 할지라도 하나님의 말씀에 불순종할 때는 그에 대한 징벌도 내리시는 분이시다. 그러기에 늘 깨어서 순종하는 겸손한 마음이 되어야 한다. 그럴 때 순간적인 분노로 인해 치명적인 불순종의 실수를 저지르지 않게 될 것이다.

모세의 후계자 여호수아 (신34:1-9)

모세의 죽음과 함께 여호수아가 이스라엘 백성들을 이끄는
지도자가 되었다. 그리고 모세는 하나님의 말씀대로 느보산
에 올라가 여리고 맞은편 비스가산 꼭대기로 올라갔다. 비록
모세가 불순종으로 인해 가나안 땅에는 들어가지 못한다 할
지라도 자비로우신 하나님은 모세로 하여금 죽기 전에 오매
불망 들어가고 싶어 했던 가나안 땅의 모든 부분을 그의 눈으
로 볼 수 있도록 허락해 주셨다. 길르앗, 단, 납달리, 에브라
임과 므낫세의 땅과 서해까지, 그리고 유다 온 땅과 남방의
여리고 골짜기와 소알까지 다 보여 주셨다. 그리고 모세는 모
압 땅에서 하나님의 부름을 받고 죽었다.

가나안 땅으로 들어가는 여호수아 (수)

모세의 후계자로 선임된 여호수아는 이스라엘 백성을 이끌
고 요단강을 건너 가나안 땅으로 들어간다. 가나안 땅으로 들

어갈 때 요단강이 가로막고 있었다. 그러나 하나님은 기적적인 방법으로 요단강을 갈라 주시므로 이스라엘 백성들이 마른땅과 같이 건너갈 수 있도록 해 주셨다(수3장).

그리고 견고했던 여리고 성도 기적적인 방법으로 허물어 주셨다. 이스라엘 백성들이 하나님이 말씀하신 대로 하루에 한 바퀴씩 6일 동안 돌았다. 그리고 마지막 7일 째 되는 날에는 7바퀴를 돌고 다같이 함성을 지르라고 하셨다. 그들이 말씀에 순종하여 그대로 행할 때 견고했던 여리고성은 무너졌던 것이다. 그리고 본격적인 가나안 땅의 정복이 시작된 것이다(수6장).

여호수아의 남방민족 정복(수10장)

가나안 땅으로 들어간 여호수아는 길갈에 본부를 정했다. 그리고 가나안 남부의 모든 성들을 점령하는 일부터 시작했다. 그곳에 있는 성들과 성읍들 그리고 왕들과 모든 거민들을 한 사람도 남기지 않고 모두 죽였다. 여호수아가 공격해서 점령한 성읍들의 이름은 립나, 라기스, 게셀, 에글론, 헤브론, 드빌 등의 순서로 공격하여 승리를 거두었다. 여호수아는 하나님의 말씀에 순종하여 가나안 거민들을 철저하게 진멸했다.

어떤 사람들은 이런 질문을 하면서 하나님의 사랑에 대해 의심하는 사람들이 있다. "사랑의 하나님이시라면서 어떻게 이렇게 비참하게 가나안 족속들을 멸할 수 있느냐"는 것이다. 가나안 땅에 살고 있는 남녀노소 구별없이 거민들을 모두 죽인 일은 너무 잔인한 행위가 아니냐고 비난하는 사람들도 있다. 그러나 여기서 중요한 사실을 놓쳐서는 안된다. 하나님은 아브라함에게 "네 자손은 사대만에 이 땅으로 돌아 오리니 이는 아모리 족속의 죄악이 아직 관영치 아니함이니라 하시더니"(창15:16)라고 하셨다.

아브라함의 자손이 애굽에서 큰 민족을 이루고 400년 만에 돌아올 것을 약속하신 말씀이다. 그런데 왜 하나님은 아브라함의 후손들이 4대가 지난 후에 가나안 땅으로 돌아오도록 하셨느냐는 것이다. 그것은 아브라함이 살던 당시에는 가나안에 살고 있는 민족들의 죄가 하나님의 심판을 받을 만큼 가득차지 않았었기 때문이다. 다른 말로 한다면 4백 년 동안 가나안 족속들이 그들의 죄악에서 돌이키기를 기다리시는 '**하나님의 사랑**'이시라고도 말할 수 있다.

여기서 꼭 알아야 할 것은 이스라엘 백성들이 가나안 땅을 정복하려는 것이 단순한 땅만 빼앗으려는 전쟁이 아니라는 것이다. 하나님은 가나안 땅에 사는 민족들의 죄악을 오래 참아오셨던 것이다. 그리고 이스라엘 백성들을 사용하셔서 그들을 멸하시는 것은 그들의 죄악된 행위에 대한 하나님의 공의로우신 심판인 것이다. 하나님은 이스라엘 백성들을 사용하셔서 악이 극도로 도달한 가나안 백성들을 멸하신 것이다. 이스라엘 백성들은 하나님의 도구로서 그들의 죄악을 집행하는 집행관과 같은 역할인 것이다. 여호수아가 가나안 족속을 멸절시킨 일은 사사로운 감정에서 나온 발상이 아니라 하나님이 가나안 족속들의 죄를 심판하시는 도구로 사용하신 것이다. 그리고 가나안 족속들이 이런 결과를 얻게 된 것은 자기들의 죄로 인해 멸망 당한 것이다.

지금도 마찬가지이다. 하나님은 지금도 예수를 믿지 않고 자기들이 원하는대로 살아가는 자들을 향해 오래 참으시고 계신다. 그들이 빨리 회개하고 돌아오기를 기다리고 계신다 (벧후 3:9). 그러나 끝까지 회개치 않는다면 마지막 심판 때 죄악에서 떠나지 않은 자들은 이런 비참한 심판을 면하지 못하게 될 것이다.

여호와의 신앙과 우상 숭배자들 사이의 전쟁

한 마디로 이스라엘 백성과 가나안 족속과의 전쟁은 단순한 땅 빼앗기 전쟁이 아니라 영적인 전쟁이다. 하나님을 섬기는 자들과 하나님을 거부하는 자들 사이에 벌어진 전쟁이라고 말할 수 있다. 이스라엘 백성들은 하나님의 특별한 부르심을 받아 여호와의 신앙을 이 세상에 심어야 할 사명을 받은 민족들이다. 반면 가나안 땅에 사는 사람들은 하나님을 거스르는 죄악된 문화를 만들어 누리며 살고 있었다. 그러기에 이스라엘 백성들이 가나안 땅으로 들어가서 해야 할 첫 번째 임무는 가나안 족속들을 제거하는 일이었다. 만약 이스라엘 백성들이 가나안 백성들을 정복하지 못한다면 하나님의 말씀에 따라 순종하며 살지 못하게 될 것이다. 왜냐하면 가나안 민족들의 죄악이 이스라엘 백성들의 신앙을 삼키므로 하나님의 백성의 임무를 제대로 수행하지 못하게 되기 때문이다. 그러기에 하나님은 그들을 모두 쳐서 멸하라고 하신 것이다.

여호수아의 북방 민족 점령(수11장)

여호수아는 먼저 남부지역에 살고 있던 가나안의 민족들을 멸한 후 북방에 살고 있는 민족을 점령하기 위해 올라갔다. 여호수아가 남방에 살고 있던 모든 족속을 쳤다는 소식을 들은 가나안 땅의 왕 하솔과 야빈은 북방지역에 살고 있는 왕들에게 전갈을 보내어 모두 불러 한곳에 모았다. 이 소식을 들고 모인 왕들은 마돈 왕 요밥과, 시므론 왕과 악삽 왕과, 북방 산간지방과 긴네롯 남쪽 아라바와 평지와 서쪽으로 도르의 높은 지역에 사는 왕들과, 동서쪽의 가나안 사람과 아모리 사람과 헷 사람과 브리스 사람과 산간지방의 여부스 사람과 미스바 땅의 헤르몬 산 밑에 사는 히위 사람의 왕들이었다. 이들은 자기들의 군대를 총동원 시켰는데 군인들이 얼마나 많은지 바닷가의 모래와 같이 많았다고 한다. 그리고 말과 병거도 셀 수 없이 많았다. 그러나 하나님은 여호수아에게 그들을 두려워하지 말라고 말씀하셨다. 하나님이 여호수아와 함께 하시므로 그들을 다 멸하실 것이라고 말씀하셨다. 여호수아는 하나님께서 명령하신대로 순종하므로 모든 땅을 점령해 나가기 시작했다. 그리고 북방에 있는 모든 땅을 점령한 후에 이스라엘 지파의 숫자대로 땅을 기업으로 나누어 주었다. 그리고 그 땅에는 전쟁이 그치고 사람들은 평화를 누리며 살게 되었다.

가나안에서 정착

여호수아는 가나안의 남쪽과 북쪽을 다 점령한 후에 루우벤 지파, 갓 지파, 그리고 므낫세 반지파를 불렀다. 그리고 여호수아는 모세가 명령한 대로 그들이 순종하여 형제들과 함께 끝까지 싸우므로 전쟁이 끝났으니 이제는 모세로부터 받은 요단강 건너 편에 있는 길르앗 땅으로 돌아가도 된다는 허락을 해 주었다. 그래서 그들은 각자 받은 땅으로 돌아가 살았다(수22장).

여호수아는 모든 전쟁을 다 마치고 자신의 죽음을 맞이 하기 바로 전에 다시 한번 이스라엘 백성들로 하여금 하나님만 섬기며 살 것을 결단시키는 일을 했다. "그러므로 이제는 여호와를 경외하며 성실과 진정으로 그를 섬길 것이라 너희의 열조가 강 저편과 애굽에서 섬기던 신들을 제하여 버리고 여호와만 섬기라 만일 여호와를 섬기는 것이 너희에게 좋지 않게 보이거든 너희 열조가 강 저편에서 섬기던 신이든지 혹 너희의 거하는 땅 아모리 사람의 신이든지 너희 섬길 자를 오늘날 택하라 오직 나와 내 집은 여호와를 섬기겠노라"(수 24:14-15). 라고 하였다. 그동안 여호수아가 얼마나 하나님을 굳게 믿으며 달려왔는지를 엿볼 수 있다.

여호수아는 하나님께서 맡겨 주신 가나안 정복의 모든 사명을 완수했다. 그리고 여호수아는 이스라엘 백성들이 가나안 땅에 정착할 수 있도록 땅을 각 지파대로 나누어 준 후에 죽었다. 가나안에 사는 이스라엘 백성들은 여호수아가 사는 날 동안과 그리고 하나님의 역사하심을 본 장로들이 살아 있는 동안에는 여호와 하나님만 잘 섬기며 살았다.

사사시대(삿)

사사시대란 이스라엘 백성들이 애굽에서 나와 가나안 땅을 정복한 후부터 이스라엘의 초대 왕인 사울이 등극할 때까지의 기간을 말한다.

사사란 히브리어로 "다스리다" 또는 "재판하다"라는 뜻을 가지고 있다. 사사기에 기록되어 있는 사사들은 15명이다. 그들의 이름은 웃니엘(삿3:7-11), 에훗(삿3;12-30), 삼갈(삿 3:31), 드보라와 바락(삿4,5장), 기드온(삿6-8장), 돌라(삿 10:1,2), 야일(삿10:3-5), 입다(삿10:6-12), 입산(삿12:8-10), 엘론(삿12:11,12), 압돈(삿12:13-15), 삼손(삿13-16장), 엘리 그리고 사무엘이다.

사사시대에 살던 이스라엘 백성들에게는 '암흑시대'라고 부를 정도로 죄로 점철된 일들이 많이 일어나기 시작했다. 왜냐하면 이스라엘 백성들은 세월이 흐르면서 서서히 하나님을 버리고 우상 숭배에 빠져 죄를 짓기 시작했기 때문이다. 그들은 영적으로 타락하여 하나님을 멀리하고 이방신들을 섬기므로 죄에 빠지는 일들이 반복해서 일어나기 시작했다.

이스라엘 백성들이 죄악에 빠지면 하나님은 이웃 주변 나라
들이 그들을 괴롭히도록 허락하셨다. 그럴 때마다 괴로움과
고통을 당하는 이스라엘 백성들은 하나님께 회개하며 살려
달라고 아우성을 쳤다. 그러면 하나님은 사사를 세워 주시고
그들로 하여금 다양한 방법을 통해 적을 무찌르고 이스라엘
백성들을 구하도록 은혜의 손길을 허락해 주셨다. 그러면 이
스라엘 백성들은 한 동안 하나님을 잘 섬기는 것 같이 잠잠했
다. 그러나 어느 정도 평안을 누리게 되면 또 다시 우상을 섬
기는 죄악에 빠졌다. 이런 이스라엘 백성들의 죄악된 일들은
사사시대가 끝나갈 때까지 쉬지 않고 반복되었던 것이다.

레위지파의 사명

여호수아는 땅을 분배할 때 하나님의 지시에 따라 레위지
파에게는 땅을 따로 분배해 주지 않았다. 왜냐하면 레위 지파
사람들은 각자 분배된 이스라엘의 12지파들 속에 들어가 살
아야 할 책임이 있었기 때문이다. 레위지파의 임무는 가나안
땅에 살고 있는 12지파들 속에 들어가 살면서 하나님의 말씀
을 가르치고 권면하므로 하나님만 의지하며 살도록 할 책임
을 맡았던 것이다. 비록 이스라엘 백성들에게는 인간 왕이 없

다 할지라도 그들에게는 하나님이 왕이시기 때문이다. 하나님은 자신이 직접 이스라엘 백성들을 통치하시고 다스리시는 나라로 세워가시길 원하셨다. 하나님은 레위지파를 사용하시어 하나님이 통치하시는 나라로 만드시길 원하셨다. 그러나 레위지파는 하나님이 주신 사명을 제대로 감당하지 못하므로 자신들도 타락했을 뿐 아니라 이스라엘 백성들도 타락하도록 이끌고 말았던 것이다.

사사기가 끝나가는 마지막 시점에서는 이스라엘 전체가 다 죄악으로 물들어가는 현상이 나타났다. 백성들이 타락했다는 것은 지도자들이 타락했다는 증거이다. 레위지파는 백성들에게 하나님의 말씀을 잘 가르침으로 말씀에 순종하며 살도록 했어야 했다. 그런데 그렇게 인도해 주어야 할 레위 지파들이 타락을 한 것이다. 그들이 타락해서 사명을 제대로 감당하지 못했다는 증거는 미가의 집에서 일어난 사건을 보면 알 수 있다. 미가는 자기 집에 에봇과 드라빔을 만들어 놓았다. 그리고 그는 레위 지파가 아닌 일반 사람으로 자기 집의 제사장으로 삼았다. 이렇게 우상을 만들어 놓고 하나님을 섬기는 모습이 사사기 17장에 나온다. 하나님을 어떻게 섬겨야 할지 기본도 모르고 있는 그들의 현실이라는 것을 단적으로 보여주는 사건이다.

하나님은 가나안 땅에 들어갈 이스라엘 백성들에게 "네 하나님 여호와께서 네게 붙이신 모든 민족을 네 눈이 긍휼히 보지 말고 진멸하고 그 신을 섬기지 말라 그것이 네게 올무가 되리라."(신7:16)고 말씀하셨다.

그리고 신명기 12장 2절-3절 말씀에서도 "너희가 쫓아낼 민족들이 그 신들을 섬기는 곳은 높은 산이든지 작은 산이든지 푸른 나무 아래든지 무론하고 그 모든 곳을 너희가 마땅히 파멸하며 그 단을 헐며 주상을 깨뜨리며 아세라 상을 불사르고 또 그 조각한 신상들을 찍어서 그 이름을 그곳에서 멸하라"고 말씀하셨다.

민수기 33장55절에도 똑같은 말씀이다. "너희가 만일 그 땅 거민을 너희 앞에서 몰아내지 아니하면 너희의 남겨둔 자가 너희의 눈에 가시와 너희의 옆구리에 찌르는 것이 되어 너희 거하는 땅에서 너희를 괴롭게 할 것이요."라고 거듭 말씀하셨다.

만약 이스라엘 백성들이 가나안 족속과 그들이 섬기던 우상을 멸하지 않는다면 그것이 이스라엘 백성의 옆구리를 찌르는 가시가 될 것이며, 그들의 신이 이스라엘 백성들로 하여금 죄에 빠지도록 할 것이라고 경고하셨다. 하나님은 이스라엘 백성들이 하나님을 올바로 섬기기 위해서는 반드시 이방 사람들과 그들의 종교와 문화를 제거하라고 하셨다. 그러나 이스라엘 백성들은 하나님의 말씀에 불순종하였다. 그래서 그들을 좋아내지 아니하므로 이스라엘 백성들은 가나안 사람들에 의해 끊임없이 고통을 당했으며 하나님께 죄를 범하게 된 것이다. 무조건 하나님의 말씀에 순종하면 유익이 되지만 불순종하면 그것이 결국 고통을 안겨다 주는 결과를 얻게 된다.

그러기에 하나님은 로마서 12장2절에서, "너희는 이 세대를 본받지 말고 오직 마음을 새롭게 함으로 변화를 받아 하나님의 선하시고 기뻐하시고 온전하신 뜻이 무엇인지 분별하도록 하라"고 하신 것이다. 세상 문화를 본받아 세상적으로 변화 되어서는 안되고 하나님의 말씀을 통해 변화되어 '하나님의 뜻'을 분별하며 살아야 한다. 이게 하나님이 구약 시대 때나 신약 시대를 사는 우리에게 원하시는 뜻이다.

그러나 이스라엘 백성들이 말씀에 불순종하던 그 열매가 사사기 마지막 때가 되자 죄악의 열매가 맺어지는 것을 볼 수 있다. 유다 지파에서 거주하던 레위인이었던 사람이 거주할 곳을 찾아 다니다 미가의 집에 머물면서 그 가정의 제사장이 된 것이다. 왜 이런 일이 일어났을까? 그만큼 각 지파속에 거주하던 레위인들이 생활해 나갈 수 있는 물질을 제대로 공급받지 못했다는 증거이다. 원래 레위지파는 십일조의 얼마를 받도록 되어 있었다. 그런데 이스라엘 백성들은 그러한 책임까지도 감당하지 않을 정도로 타락해 있었던 것이다(삿17장).

그리고 사사기 19장으로 넘어가면 레위인이 첩을 거느리고 사는 사건이 나온다. 그러다 첩이 행음하고 친정으로 도망을 갔다. 그 레위인은 첩을 찾아 베들레헴으로 갔다. 그리고 그 곳에서 며칠을 거하며 장인과 술을 마시다 자기가 거주하는 에브라임 산지로 돌아오는 길에 날이 어두워졌다. 그래서 그는 베냐민 지파에 속한 기브아라는 곳에 하룻밤 머물게 되었다. 그런데 밤중에 그 성읍의 비류들이 찾아와 "네 집에 들어온 사람을 끌어내라 우리가 그를 상관하리라"고 했다. 여기서 상관하리라는 말은 그 남자와 성행위를 하려고 하니 내어 놓으라는 요청이었다. 이때 레위인은 자기의 첩을 그들에게 내어 주었다. 그 첩은 비류들에 의해 밤새 시달리다 죽고 말았다. 이 레위인은 죽은 자기 첩의 시체를 집으로 싣고 와서 12토막을 내었다. 그리고 이스라엘의 12지파에게 한 토막씩 보냈다. 이 사건으로 11지파가 베냐민 지파를 상대로 싸움을 하므로 베냐민 지파가 600명으로 줄어드는 처참한 일이 벌어졌다.

사사기의 여러 곳에 "이스라엘에 왕이 없으므로 사람마다 자기 소견에 옳은대로 행하였더라"는 말이 반복되어 나온다. 이스라엘에는 영적인 지도자들이 제대로 없었던 것이다. 그러기에 사람마다 자기가 옳다고 생각하는대로 행하는 풍토가 형성되었던 것이다. 결국 하나님이 레위 지파를 통해 이스라엘을 다스리시고자 하셨던 계획이 인간들의 악함으로 인해 제대로 시행되지 않았던 것이다. 왜냐하면 죄를 지은 인간들은 하나님의 뜻대로 살기보다 자기 고집과 방법대로 살고자 했기 때문이다.

마지막 사사 사무엘(삼상)

한나는 에브라임 산지에서 레위지파로서 활동하던 엘가나의 아내였다. 그러나 한나는 아기를 낳지 못하는 사람이었다. 그로 인해 엘가나의 다른 아내로부터 억울한 일을 당하며 살아야 했다. 한나는 너무 억울하고 힘들어서 하나님께 아들을 달라고 서원하는 기도를 드리며 매달렸다. 그녀의 간절한 기도를 통해 하나님은 그녀에게 사무엘을 허락해 주셨다. 그녀는 서원 기도를 한 것처럼 사무엘을 하나님께 바쳐서 제사장 엘리의 밑에서 자라도록 했다(삼상1장). 사무엘은 어머니의 기도의 응답으로 태어난 사람처럼 평생에 하나님의 일을 감당하는 동안에 기도를 쉬는 죄를 범하지 않겠다고 할 정도로 기도의 사람이 되었다. 사무엘은 사사기가 끝나는 마지막 사사로서의 역할을 감당해야 하는 중요한 인물이었다. 그는 자기의 사명을 잘 감당했던 하나님의 사람이었다.

초대왕 사울을 세움

사사기 시대를 살던 이스라엘 백성들은 이웃 이방 나라들이 왕을 세워서 나라를 다스리는 것을 보자 자기들에게도 인간 왕이 필요하다고 생각하기 시작했다. 하나님이 자기들의 왕이 되어 다스리는것 보다 인간 왕이 자기들을 직접 다스리는 것이 더 좋아 보였던 것이다. 그래서 그들은 사무엘을 찾아가 자기들을 다스리고 자기들을 보호해 줄 수 있는 왕을 세워 달라고 요구했다(삼상8장). 그러나 사무엘은 그들이 요구하는 것 자체를 기뻐하지 않았다. 그리고 하나님도 그들의 요구에 기뻐하지 않으셨다. 왜냐하면 그들이 인간 왕을 원한다는 것은 하나님이 왕 되심을 거부하는 것과 같기 때문이다. 그러나 하나님은 사무엘에게 이스라엘 백성들이 원하는 인간 왕을 세우라고 허락해 주셨다. 그래서 하나님은 이스라엘 백성들이 원하는 모습의 인간 왕을 뽑아 주신 것이다(삼상10장).

인간들이 원하는 왕의 모습은 어떤 사람이었을까? 먼저 외적으로 멋지게 보여야 한다. 그리고 힘이 있어서 자기들을 보호해 줄 수 있을 것 같이 보이는 사람이어야 한다. 그런 사람을 하나님이 뽑아 주셨는데 바로 사울이라는 사람이었다.

그는 베냐민 지파의 기스라는 사람의 아들이었으며 외모로 볼 때 다른 사람들 보다 머리 하나는 더 크고 건장한 사람이었다. 외모로 보면 나무랄 곳이 한 군데도 없는 사람 같이 보였다.

사무엘은 사울을 뽑아서 기름 부어 이스라엘 백성들을 위해 왕으로 세웠다. 그런데 사울은 시간이 조금씩 지나가면서 세상의 권력에 눈을 뜨게 되었다. 세상의 권력에 눈을 뜨게 되자 사울은 하나님의 영광을 위해 사는 자가 아니라 자기 자신을 드러내기를 좋아하는 사람으로 변질되었다. 하나님이 사울에게 일을 맡겨도 하나님이 하라는 대로 순종하지 않고 자기가 원하는 대로 했다. 사울은 자기가 가진 권력을 잃어버릴까봐 하나님이 명령하신대로 순종하지 않았다. 그리고 자기가 제사장의 역할까지 하려고 하나님께 번제를 드리는 망령된 일까지 한 것이다. 이스라엘의 대적을 잡아 소멸하고 짐승들을 죽이라고 해도 그는 좋은 것은 다 살려 두었다. 그리고 자기 마음대로 하나님이 죽이라고 했던 아각 왕도 살려 주었다. 사울 왕의 마음은 이미 하나님으로부터 떠나 있었다. 즉, 하나님을 버린 것이다. 하나님의 뜻을 좇지 않고 하나님의 명령을 따르지 아니하므로 하나님은 사울을 버리셨다. 사울은 특별하게 이스라엘의 초대 왕으로서 하나님의 백성을 다스릴 지도자로 뽑혔지만 그는 결국 하나님으로부터 폐위를 당하고 말았다.

다윗이 2대 왕이 됨과 방랑 생활(삼상)

하나님은 사무엘을 이새의 동네로 보내셨다. 그리고 이새의 아들 중 막내인 다윗에게 기름을 부어 왕으로 삼으라고 하셨다. 사무엘은 하나님의 말씀에 순종하여 사울에 이어 다윗을 이스라엘의 두 번째 왕으로 기름을 부어 왕으로 삼았다(삼상16:1-13). 그러나 다윗이 비록 왕으로 기름 부음은 받았지만 사울이 아직 왕권을 휘두르고 있었기에 왕으로 등극할 수가 없었다. 오히려 사울은 자기의 왕권에 위협을 느끼고 다윗을 죽이려고 혈안이 되었다. 그래서 다윗은 왕으로 기름 부음은 받았지만 폐위된 사울 왕의 칼을 피해 도망 다녀야 하는 신세가 되었다. 그는 비록 왕으로서 기름 부음은 받았지만 목숨을 살리기 위해 들로 산으로 그리고 굴로 피해 다니며 방랑 생활을 10년 여 넘게 해야만 했다(삼상19, 21-31장).

도망 다니는 가운데 다윗은 사울왕을 죽일 수 있는 기회가 두 번이나 있었다. 그러나 다윗은 하나님께서 기름부어 세운 왕이라는 이유로 사울을 죽이지 않고 끝까지 선한 방법으로 참고 인내를 했다. 오직 하나님이 사울을 심판하실 것이라는 믿음으로 참았다. 결국 사울은 블레셋과의 전쟁에서 참패를 당하자 자살하므로 그의 비참한 생애를 마치게 되었다(삼상 24, 26장).

다윗이 유다 지파의 왕이 됨(삼하)

다윗은 사울왕이 죽자 곧 바로 유다 지파의 왕으로만 등극하게 되었다(삼하2장). 왜냐하면 사울 왕의 군대장관이었던 아브넬이 사울의 아들 이브보셋을 데리고 도망을 쳐서 이스라엘 왕으로 삼았기 때문이다. 그러나 나중에 아브넬이 요압에게 죽임을 당한 후 이스라엘은 힘을 잃게 되었다(삼하2:22-27). 그래서 다윗은 분리되었던 12지파를 모아 하나로 만들었다. 그래서 드디어 하나님이 다스리시는 통일 왕국을 다윗이 이루게 된다(삼하5장). 그리고 이스라엘은 하나님으로부터 분배받은 가나안 땅을 최고로 부강한 나라와 가장 넓은 땅을 차지하게 되었다. 하나님이 다윗과 함께 하시자 주변의 나라들은 다윗이 두려워서 아무도 그를 건드리지 못하게 되었다.

다윗이 통일 왕국을 이룸(삼하8장)

다윗이 다스리던 통일 왕국은 장차 메시야가 이루실 왕국을 상징한다. 예수님이 재림하셔서 죄인들을 심판하시고 지옥으로 보내신 후 믿는 자들을 모아 메시야 왕국을 만드실 것이다. 그리고 믿는 자들의 왕이 되시어 영원토록 다스리실 것이다. 다윗은 하나님이 함께 하셔서 통일 왕국을 이루자 자기가 무엇이관대 이렇게 보잘것 없는 자신에게 이런 큰 복을 허락해 주셨느냐고 하며 하나님께 감사하며 황송해 했다. 그래서 그는 하나님께 무엇인가를 해 드리고 싶은 마음이 들었다.

이스라엘 백성들에게는 광야 생활할 때 하나님이 만들라고 지시하신 성막이 있었다. 그곳은 이스라엘 백성들이 하나님을 만나는 장소였다. 그러나 그 당시 그 성막은 시골 한 구석에 방치되어 있었다. 다윗은 자기가 통일 왕국을 이룬 후에야 한쪽에 처 박혀있던 하나님의 성막을 생각하게 되었다. 그래서 그는 그 성막을 예루살렘으로 모셔 올렸다. 그러나 하나님이 임재하시는 장소요 또한 인간들이 유일하게 하나님을 만나는 장소인 성막인데 다윗이 보기에 너무 초라하게 보였다. 자기는 호화스러운 왕궁에 살고 있었기에 너무 하나님께 죄송한 마음이 들어갔다. 그래서 다윗은 아름다운 하나님의 성전을 짓고 싶어하는 마음이 생겼다. 그러나 하나님은 다윗이 통일왕국을 세우기 위해 너무 많은 피를 흘렸기에 그가 성전 짓는 것을 허락하지 않으셨다. 대신 그의 아들 솔로몬이 성전을 지을 수 있도록 허락하셨다.

성전 완성과 솔로몬의 타락(왕상)

다윗은 자기 아들 솔로몬이 하나님의 성전을 짓도록 돕기 위해 모든 재료를 다 준비해 두었다. 그리고 솔로몬은 그 재료를 사용해서 아름다운 성전을 완성시켰다(왕상6장).

솔로몬 왕은 처음 시작할 때는 순수하게 오직 하나님만 신뢰하며 나라를 잘 이끌어가는 왕이었다. 그러나 시간이 지나갈수록 다른 나라를 의지하기 시작했다. 그래서 다른 나라들과 동맹을 맺으며 자기의 정권을 유지하기 위해 정략 결혼을 하기 시작한 것이다. 그러다 보니 솔로몬왕은 아내만 700명이나 되었고 첩들은 300명이나 되었다. 그런데 문제는 다른 나라에서 온 아내들이 자기들이 섬기던 신들과 우상을 가지고 이스라엘로 온 것이다. 그래서 솔로몬은 하나님만 섬겨야 할 유일신의 신앙에서 다양한 신과 우상을 섬기는 죄에 빠지기 시작하게 되었다(왕상11장).

왕국의 분열(왕상)

하나님은 다윗에게 이렇게 약속해 주셨다. "저는 내 이름을 위하여 집을 건축할 것이요 나는 그 나라 위를 영원히 견고케 하리라… 저가 만일 죄를 범하면 내가 사람 막대기와 인생 채찍으로 징계하려니와 내가 네 앞에서 폐한 사울에게서 은총을 빼앗은것 같이 그에게서는 빼앗지 아니하리라"(삼하 7:13-15).

솔로몬 왕이 하나님의 말씀대로 하나님만 신뢰하며 나라를 튼튼하게 세워갔다면 그 나라는 영원히 견고했을 것이다. 그러나 그는 말년에 하나님을 버리고 우상을 섬기게 되므로 하나님의 징책을 받게 되었다. 그러나 그러한 징책은 솔로몬의 시대에 임하도록 하지 않으시고 그의 아들인 르호보암 시대에 임하게 하셨다. 르호보암이 아버지 솔로몬을 이어 왕이 되자 백성들은 느밧의 아들 여로보암을 보내어 자기들의 힘들었던 짐을 조금 수월하게 해 달라고 요청했다. 르호보암은 자기 아버지를 섬기던 노인들을 불러 이 일에 대해 어떻게 대답해야 좋을지 의견을 물어 보았다. 나이들고 경험있는 노인들은 르호보암에게 선한 방법을 가르쳐 주었다. 아버지 솔로몬이 하나님의 성전을 짓느라 7년을 그리고 왕궁을 짓느라 13년이라는 세월 동안 백성들이 쉬지 못하고 힘든 노역을 해 왔기에 잠시 쉴 수 있도록 하는 것이 좋을 것이라고 권면을 해 주었다. 그런데 르호보암은 자기와 같이 자란 젊은 친구들을 불러 똑같은 질문을 했다. 이때 젊은 청년들이 르호보암 왕에게 너무 교만한 방법들을 제안한 것이었다.

"… 나의 새끼 손가락이 내 부친의 허리보다 굵으니 내 부친이 너희로 무거운 멍에를 메게 하였으나 이제 나는 너희의 멍에를 더욱 무겁게 할찌라 내 부친은 채찍으로 너희를 징치 하였으나 나는 전갈로 징치하리라 하소서"(왕상12:10-11).

르호보암은 지친 백성들에게 쉴 수 있는 시간적 여유를 주었어야 했지만 그는 교만하고 경험이 없는 악한 친구들의 조언을 따르고 말았던 것이다. 그래서 르호보암을 싫어하던 백성들은 여로보암을 중심으로 또 하나의 세력이 형성되고 말았다. 르호보암을 따르던 지파들은 오직 유다 지파와 베냐민 지파뿐이었다. 나머지 열 지파는 여로보암을 중심으로 북이스라엘을 형성하게 된것이다. 그래서 사울, 다윗, 그리고 솔로몬 왕이 이루었던 통일왕국은 이제 끝나고 두 개의 나라로 분열이 되고 말았다.

북이스라엘 왕들과 멸망

북이스라엘의 왕들은 각각 짧게는 7일에서부터 28년까지 정권을 잡았다. 북왕국이 앗수르에 포로로 잡혀가기 전 B.C. 721년 까지 왕들은 19명이나 바뀌었고 왕조는 9번이나 바뀌게 되었다. 북이스라엘의 역사를 보면 약 210년 동안(B.C. 931-721) 반역에 반역을 되풀이 하는 피비린내 나는 정권 싸움이 일어났었다. 북이스라엘의 왕들의 이름은 1대는 여로보암1세 그리고 2대는 나답이다. 이 둘을 여로보암 왕조라고 부른다. 3대 바아사 그리고 4대 엘라인데 이둘을 바아사 왕조라고 부른다. 5대는 시므리이며 시므리 왕조인데 그는 7일간 밖에 집권하지 못했다. 6대는 오므리, 7대는 아합, 8대는 아하시야, 그리고 9대 요람인데 이 네 왕들을 오므리 왕조라고 부른다. 10대는 예후, 11대는 여호아하스, 12대는 요아스, 13대는 여로보암 2세, 그리고 14대는 스가랴까지인데 이들을 예후 왕조라고 부른다. 15대는 살룸인데 그는 2개월 동안만 집권했을 뿐이다. 16대는 므나헴, 17대는 브가히야인데 이들은 므나헴 왕조이다. 18대는 베가 왕조이며, 그리고 19대는 호세아 왕조로서 북이스라엘은 앗수르의 포로가 되어 잡혀가므로 멸망 당하고 만다.

북이스라엘의 왕권을 잡는 자들마다 모두 악한 왕들이었다. 왜 그렇게 악한 왕들만 나왔을까? 그것은 시작부터가 잘못되었기 때문이다. 하나님이 여로보암에게 열 지파를 르호보암에게서 떼어 내어 맡기실 때 징계를 위한 것이었다. 그러기에 여로보암은 하나님이 자기에게 맡기신 열 지파를 잘 이끌어서 하나님을 잘 섬기도록 해야 할 책임이 있었다. 그러나 그는 자기가 잘나서 열 지파를 얻은것 같이 생각했다. 그래서 여로보암은 열 지파를 얻게 되자 마음에 욕심이 생겼다. 만약 열 지파를 그냥 둔다면 르호보암에게로 돌아갈 것이 두려워진 것이다. 왜냐하면 그 당시 하나님을 섬기는 성전이 예루살렘에 있었기 때문이다. 그러면 명절이 돌아올 때마다 백성들이 하나님을 섬기기 위해 예루살렘으로 가게 된다면 자연적으로 백성들의 마음이 남유다 쪽으로 넘어갈 것 같은 두려움이 생긴 것이다. 그래서 여로보암은 백성들이 예루살렘으로 가는 것을 막기 위해 금송아지 두 마리를 만들었다. 하나는 벧엘에 세우고 다른 하나는 단에 세워 놓았다. 그리고 백성들을 선동하여 이 두 금송아지가 애굽에서 자기들을 인도해 낸 신이라고 가르쳤다. 그래서 백성들은 그때부터 벧엘과 단에서 우상을 섬기기 시작한 것이다. 그리고 여로보암은 산당을 짓고 레위 자손이 아닌 보통 사람으로 제사장을 세우기 시작했다. 그리고 절기도 하나님이 정하신 절기와 비슷하게 여로보암 마음대로 정해서 북쪽에서 지키도록 사람들을 선동 한 것이다. 이것이 바로 그들에게는 죄의 올무가 된 것이다. 하나님을 섬기지 않고 우상을 섬기면서 시작한 나라가 바로 북왕국인 것이다(왕상12:25-33).

이렇게 시작한 북왕국은 계속해서 죄의 꼬리를 물고 내려갔기 때문에 죄의 사슬에서 벗어나지 못했던 것이다. 이와같이 여로보암은 백성들로 하여금 율법을 어기고 죄를 짓도록 이끌은 장본인이다. 그리고 그 이후에 왕이 된 자들도 여로보암의 죄를 떠나지 못한 것이다. 그러기에 악을 행하는 자들을 지적해서 말씀하실 때마다 하나님은, "이스라엘로 범죄하게 한 느밧의 아들 여로보암의 죄에서 떠나지 아니한지라"(왕하15:9, 18, 24, 28)라고 말씀하신 것이다. 그리고 북이스라엘은 결국 자기들의 죄악으로 인해 앗수르에 포로가 되어 잡혀가고 말았다.

남왕국 왕들의 분열

　남왕국은 한 혈통으로 계속 지속해서 내려갔다. 르호보암 왕은 여로보암 왕에게 10지파를 빼앗기고 난 후 유다 지파와 베냐민 지파로 유다왕국을 세운 것이다. B.C. 930년부터 시작된 유다 왕국은 약 344년 동안 20명의 왕이 다스렸다. 그리고 B.C. 586년에 바벨론의 포로로 끌려가면서 끝이 난다.

　유다 왕국의 왕들의 이름은 르호보암, 아비암, 아사, 여호사밧, 여호람, 아하시야, 아달랴, 요아스, 아마샤, 웃시야, 요담, 아하스, 히스기야, 므낫세, 아몬, 요시야, 여호아하스, 여호야김, 여호야긴 그리고 시드기야가 마지막 왕으로 유다 왕국은 바벨론의 포로로 잡혀 간다. 남 왕국도 그들의 죄악으로 인해 포로로 잡혀가게 된 것이다. 가끔 착한 왕들이 나와서 종교개혁을 하며 하나님 말씀대로 살라고 백성들을 이끌어 주었지만 그것으로는 역부족이었던 것이다. 왜냐하면 하나님을 두려워하며 섬기던 왕이 죽고 나면 그 다음 세대의 왕이 곧바로 우상 숭배에 빠졌기 때문이다. 남왕국의 왕으로서 위대한 여호와의 신앙을 가지고 나라를 이끌어갔던 왕이 히스기야이다. 그의 아버지 아하스는 가나안 사람들이 섬기던 우상을 섬겼던 사람이다. 아하스 왕은 앗수르라는 나라가 우상을 섬기기 위해 만들어 놓은 제단을 본따서 만들었다. 그리고 하나님의 제단 대신 그것을 사용할 정도로 죄를 지었던 왕이다.

그런데 히스기야는 그런 악한 아버지와는 달리 다윗의 선한 믿음의 행위를 좇아 여호와 보시기에 정직히 행했던 왕이다. 그는 자기 아버지가 폐쇄시켰던 성전을 다시 열었다. 그리고 하나님께 드리는 제사를 회복시켰다. 그뿐 아니라 그는 유월절을 성대히 지켰으며 성전의 봉사 제도도 재정비하는 일을 했다. 그는 오직 여호와를 의지하며 명령하신 계명을 지키는 위대한 신앙인이었다. 하나님은 그와 함께 하셔서 어디로 가든지 형통케 해 주셨다. 이렇게 멋지게 하나님을 섬기며 살던 히스기야 왕은 하나님께 특별히 생명을 15년 연장 받아 살면서 아들 므낫세를 낳았다. 늦둥이로 태어난 므낫세는 12살에 왕이 되었다. 그리고 므낫세는 55년 동안 유다를 통치하는 동안 가장 악한 왕으로 기록을 세웠던 왕이다. 아버지 히스기야가 세워 놓은 좋은 신앙의 전통을 다 깨뜨려 버리고 정 반대의 길로 행했던 것이다. 그는 아버지가 제거했던 산당을 다시 세웠다. 예전에 있던 우상들도 있었지만 새로운 우상들을 더 많이 만들어 섬겼으며 일월성신까지 섬기므로 참으로 하나님이 보시기에 악한 왕이 되었다. 그것도 부족하여 하나님의 성전 안에다 우상의 제단들까지 들여 놓았다. 거룩하신 하나님을 섬겨야 할 성전 안에 우상들을 들여 놓고 섬기는 죄를 범했던 것이다(왕하21:1-18).

또한 그는 하나님이 하지 말라고 하신 점치는 일과 사술과 복술을 행했다. 신접한 자와 박수를 신임했으며 자기 아들들을 힌놈의 골짜기에서 불 가운데로 지나가게 하는 의식을 행하도록 했다. 이러한 일은 하나님의 진노를 사게 되었고 이 일로 인해 남왕국은 영적으로 타락하게 되었으며 국가적으로는 힘이 점점 기울어져 약하게 되었다. 므낫세는 언약의 백성들로 하여금 우상을 추종하는 자들로 만들어 버렸고 하나님을 무시하는 왕이 되어버린 것이다.

므낫세의 아들인 아몬이 아버지의 대를 이어 왕이 되었지만 그도 역시 므낫세 못지 않게 사악한 일을 행했던 왕이다. 그는 악한 일을 하며 살다 신복들에 의해 2년 만에 살해 당하고 말았다. 그래서 아들인 요시야가 대를 이어 왕이 되었는데 요시야는 비록 여덟 살의 나이에 왕이 되었지만 그가 31년 통치하는 동안 경건한 왕으로서 하나님을 잘 섬겼던 훌륭한 왕이었다(왕하22장). 요시야 왕은 증조 할아버지인 히스기야가 가졌던 신앙의 장점들을 가지고 할아버지 므낫세와 아버지 아몬이 파괴해 놓은 모든 것들을 제자리에 돌려 놓고자 최선을 다해 노력했다. 물론 할아버지 므낫세는 55년 동안 무진장 많은 죄를 지어 놓고 말년에 회개는 했지만 그러나 너무 많은 죄악을 저질러 놓았기에 우상숭배하던 백성들의 마음까지 되돌려 놓기에는 불가능했다. 그리고 아버지 아몬이 이어서 악을 행했기에 환경적으로 더 하나님을 배반하는 일이 악화되었던 것이다.

요시야 왕은 이러한 사악한 환경속에서 자라면서 어린 나이에 왕이 되었지만 그는 하나님 보시기에 정직히 다윗의 길로 행했다. 그는 선대의 악한 왕들이 섬기던 우상들을 다 제거하고 제단들을 훼파하는 일을 시작했다. 그리고 퇴락한 성전을 다시 수리하고 정결하게 하는 일을 했다. 그리고 제사장 힐기야가 성전 수리를 하다 발견한 모세의 율법책을 서기관 사반이 왕 앞에서 읽을 때 요시야 왕은 자신의 옷을 찢었다. 그리고 율법책에 비추어 볼 때 앞으로 남왕국이 어떻게 될지 앞날에 대해 여호와께 알아보라고 했다. 그는 자신이나 백성들이 율법의 말씀대로 살지 않고 있다는 것을 깨달았기 때문이다(왕하23장).

요시야 왕은 여선지자 훌다로부터 남왕국이 말씀에 기록된 대로 살지 않고 우상을 섬긴 결과 멸망할 것이라는 이야기를 들었을 때 그는 겸손히 자신의 옷을 찢으며 통곡하며 회개를 했다. 그리고 그는 여호와의 말씀에 근거하여 대대적인 종교개혁을 시작했다. 그는 유다와 예루살렘의 장로들을 불러 모아 놓고 성전에서 발견한 율법책을 읽어 주었다. 그리고 요시야 왕 자신이 먼저 하나님과 언약을 세웠다. 마음을 다하고 성품을 다하여 여호와 하나님을 섬기며 살고자 약속했다. 그는 백성들로 하여금 여호와 하나님만 섬기며 살도록 이끌었다.

요시야 왕은 백성들로 하여금 유월절을 지키도록 이끌었으며 이 유월절이 얼마나 광대하게 치뤄졌느냐 하면 사사가 이스라엘을 다스리던 시대부터 이스라엘 여러 왕의 시대와 유다 여러 왕의 시대를 통틀어 이렇게 유월절을 지킨 일이 없다고 할 정도로 거대하게 행해졌다. 그러기에 요시야가 사는 날 동안에는 백성들이 하나님을 떠나지 않고 순종하며 살았다. 그런데 안타까운 것은 요시야 왕이 이렇게 종교개혁을 하며 하나님의 뜻대로 살려고 노력했지만 므낫세의 죄악이 너무 크기에 남왕국의 멸망을 돌이킬 수 없었던 것이다(왕하24:3).

약속을 지키시는 신실하신 하나님

하나님은 다윗과 언약을 맺으셨다. 그리고 하나님은 다윗의 혈통을 통해 메시야를 보내 주시겠다고 약속하셨다.

"그 아들에게는 내가 한 지파를 주어서 내가 내 이름을 두

고자 하여 택한 성 예루살렘에서 내 종 다윗에게 한 등불이
항상 내 앞에 있게 하리라"(왕상11:36).

그런데 하나님의 약속의 말씀이 신실하게 지켜지지 못하도
록하려는 방해의 음모가 중간에 있었다. 사탄은 다윗의 혈통
을 중간에 끊어 버리므로 메시야가 오시는 길을 막으려고 했
었다. 그러나 신실하신 하나님은 사탄의 계략을 봉쇄시키시
고 그 약속이 이루어지도록 놀랍게 역사해 주셨다.

하나님은 이스라엘 백성들에게 이방 사람들과 통혼하지도
말고 이방 나라의 우상도 섬기지 말라고 명령하셨다. 그런데
유다의 4대째 왕이었던 여호사밧 왕이 이스라엘의 왕 아합과
더불어 혼인관계를 맺는 것이 다윗 왕가의 비극을 끌어 들이
는 불씨가 되었다. 이스라엘 왕인 아합은 페니키아라는 나라
의 공주인 이사벨을 왕비로 맞아 양국간에 우호관계를 이루
므로 경제적인 것과 정치적인 도움을 받게 되었다. 그러나 그
런 도움을 받는 반면 동시에 페니키아의 종교가 자연스럽게
이스라엘로 침투하여 여호와의 신앙을 파괴하게 되었던 것
이다. 그러기에 엘리야 선지자는 이런 우상숭배자들과 싸우
기 위해 갈멜산에서 바알 선지자 450명과 아세라 선지자 400
명과 대결해야 하는 것은 피할 수 없는 일이 되었다. 엘리야
선지자는 하나님으로부터 불로 응답 받아 바알 선지자들과

의 대결에서 제단에 받쳤던 모든 제물을 태우므로 여호와의 신앙이 참된 신앙임을 선포하며 아합의 타락에 견재했던 것이다(왕하1-13장).

아합이 이러한 영적 타락의 길을 걷고 있는데도 유다의 왕 여호사밧은 우상숭배자인 아합과 더불어 혼인관계를 맺었던 것이다. 이로 인해 유다의 왕 여호사밧의 아들 여호람은 북왕국의 왕 아합의 딸인 아달랴와 결혼하게 되었다. 그 결과 유다 왕 여호람은 북이스라엘과 아주 밀접한 동맹과 혈연 관계가 맺어져 있었으며 공공연히 바알의 종교가 남왕국으로 흘러 들어오게 만드는 역할을 하게 되었던 것이다. 그리고 여호람은 이세벨의 딸 아달랴와 결혼 한 후 자기의 왕권을 강화하기 위해 자기의 여섯 형제를 모두 쳐 죽이고 충성된 대신들도 죽이는 죄를 지었다. 간교한 아달랴는 이렇게 유다의 혈통을 제거하려는 음모를 서서히 여호람의 권력을 이용하여 시작한 것이다.

유다 왕 여호람이 다스리던 시대에 에돔은 유다의 지배를 대항해서 반란을 일으켰다. 여호람은 모든 병거를 끌고 에돔을 치러 갔지만 에돔에게 패하고 말았다. 엘리야가 왕의 악함에 경고를 보냈지만 그는 듣지를 않았다(대하21:12). 결국 아라비아인들이 쳐들어와 왕궁의 모든 재산과 임금과 아들들과 여자들을 모두 데리고 갔으며 남은 자는 오직 막내 아들 여호아하스(아하시야) 뿐이었다. 그후 여호람은 불치병에 걸려 2년 뒤 창자가 빠져 나와 죽고 말았다.

여호람을 이어 말째 아들인 아하시야(여호아하스)가 왕위를 이어 받아 1년을 다스리게 되었다. 그러나 그가 1년 동안 재위하는 동안 우상 숭배자요 악한 모친 아달랴의 영향을 받게 되었다. 그래서 악한 일만 하다 하나님의 심판의 도구로 사용된 예후의 혁명 때 예후의 손에 의해 살해 당하게 되었다.

약속된 유다의 혈통을 끊으려는 사탄의 음모

아달랴는 자기의 아들인 아하시야가 사마리아에서 예후의 손에 의해 죽임을 당했다는 소식을 듣자마자 유다 집안에 있는 모든 왕족의 씨를 다 진멸했다. 자신의 혈육인 손자들을 포함해서 많은 왕손들을 잔인하게 죽인 것이다. 그리고 자신이 왕이 되어 6년 동안 유다를 다스렸다(왕하11:1-3).

그런데 하나님은 신실하신 분이시며 모든 일들을 계획하시며 이끌어가시는 섭리자이시다. 사탄이 아달랴를 통해 다윗의 씨를 전멸시키고 메시야가 오시는 길을 끊으려 했지만 하나님은 그런 가운데서도 다윗의 혈통이 끊어지지 않고 약속하신 대로 이어지도록 해 주셨다. 아달랴가 왕자들을 몰살시키려는 살육 현장 가운데서도 하나님은 대제사장 여호야다의 부부를 통하여 요아스 왕자를 구하도록 하시므로 다윗과 맺은 언약을 신실하게 지키셨다. 요아스가 6세가 되었을 때 대제사장 여호야다는 요아스를 왕으로 등위 시키고 악한 아달랴를 처형하므로 사탄의 계략을 봉쇄시켰던 것이다(왕하 11:4-12).

여호사밧 왕은 훌륭한 왕이었다. 그러나 잘못된 생각에 이끌려 아합과의 혼인관계를 맺으므로 이방신을 끌어들이므로 다윗 왕가에 큰 타격을 입히므로 유다의 등불을 꺼뜨릴 뻔 하였다. 그러나 모든 것을 주관하시는 하나님은 그런 가운데서도 그 약속이 이루어지도록 역사해 주셨던 것이다.

하나님의 심판이 임하게 된 원인

하나님은 통일 왕국을 이루셔서 하나님의 뜻을 이루어가시길 원하셨다. 그러나 인간들은 죄악으로 인해 하나님만 순수하게 의지하며 섬기며 살지 못하는 연약함을 가지고 있다. 그래서 하나님의 뜻을 이루지 못하고 실패를 하게 된다. 인간들의 마음에는 죄악된 욕심이 자리잡고 있어서 하나님만을 섬기기 보다 우상을 섬기려고 한다. 그리고 자기들보다 강한 나라나 사람을 만나면 하나님을 버리고 그들을 섬기려고 하는 경향이 있다.

하나님은 이스라엘 백성들에게 가나안 땅에 들어가서 오직 여호와 하나님만 섬기고 순종한다면 하나님의 축복을 누리며 살 수 있도록 해 주시겠다고 약속해 주셨다. 그러나 만약 가나안 땅의 우상들을 섬기느라 하나님을 버린다면 저주가 임할 것이라는 말씀도 해 주셨다. 그러나 이스라엘 백성들은 하나님의 축복보다 저주를 받는 쪽을 선택했던 것이다. 그럴 때마다 하나님은 그들을 향해 다시 하나님께로 돌아오라는 메시지를 선지자들을 통해 수없이 선포하며 권면하셨다. 그러나 그들은 듣지 않고 계속 타락의 길을 걸으므로 하나님의 심판을 초래했던 것이다.

북왕국의 멸망

북이스라엘은 앗수르라는 나라에 의해 멸망 당했다. 그리고 많은 사람들이 포로가 되어 잡혀갔지만 그 땅에는 많은 백성들이 남아 있었다. 앗수르는 그곳에 남아 있는 백성들을 다스리기 위해 총독을 파견하였다. 그리고 앗수르는 다른 주변 국가들을 정복한 후 잡아온 포로들을 북이스라엘 땅에 강제 이민을 시키므로 식민지 정책을 펴기 시작했다. 다른 인종들을 이스라엘 민족과 혼합시키므로 이스라엘 백성들로 하여금 단일 민족으로서 반란을 일으키지 못하도록 막으려고 한 것이다. 앗수르의 이민 정책으로 인해 여러 나라에서 들어온 외국 사람들은 자기들이 섬기던 신들도 가지고 오므로 종교도 서서히 혼합되기 시작한 것이다. 또한 차츰 북이스라엘 사람들이 외국 사람들과 결혼을 하기 시작하므로 혼혈아들이 태어나기 시작한 것이다. 그래서 후에 그 사람들을 "사마리아인"이라고 부르게 된 것이다(왕하17:7-18).

남왕국의 멸망

북왕국이 앗수르에 의해 멸망 당하는 것을 남왕국이 다 보았지만 그들은 자기들의 죄악을 하나님께 회개하지 않고 끝까지 반역하며 나갔다. 그래서 남왕국도 바벨론이라는 나라에 의해 멸망 당하고 포로로 잡혀가게 된 것이다(왕하25:18-21). 그러므로 예레미야를 통해 "이 온 땅이 황폐하여 놀램이 될 것이며 이 나라들은 칠십년 동안 바벨론 왕을 섬기리라"(렘25:11)고 하신 말씀대로 포로가 되어 70년 동안 바벨론의 포로생활을 하게 된 것이다. 그리고 또한 "나 여호와가 이같이 말하노라 바벨론에서 칠십년이 차면 내가 너희를 권고하고 나의 선한 말을 너희에게 실행하여 너희를 이곳으로 돌아오게 하리라"(렘29:10)고 하신 약속대로 하나님은 고레스 왕을 감동시키시어 이스라엘 백성들로 하여금 고국으로 돌아가라는 칙령을 내리도록 하셨다(대하36:22-23, 스1:1-4).

분열왕국 시대의 선지자들의 활동

하나님은 남왕국이나 북왕국이 타락하여 하나님으로부터 멀어질 때마다 선지자들을 보내시어 돌아오라고 외치도록 하셨다. 예수님이 하신 말씀을 통해서 하나님이 그들을 돌이키려고 얼마나 많은 선지자들을 보내셨는지 알 수 있다. 그러나 그들은 듣지도 않았으며 돌이키지도 않았다.

> "예루살렘아 예루살렘아 선지자들을 죽이고 네게 파송된 자들을 돌로 치는자여 암탉이 제새끼를 날개 아래 모음같이 내가 너희의 자녀를 모으려한 일이 몇번이냐 그러나 너희가 원치 아니하였도다" (눅13:34).

이스라엘의 왕정시대는 예수 그리스도가 오시기 훨씬 이전의 시대였다. 그러나 그때도 이스라엘 백성은 하나님께 감사하며 영광과 존귀함을 돌리며 살아가야 할 백성들이었는데 하나님을 배반하고 타락한 것이다. 하나님은 그들을 돌이키시기 위해서 많은 선지자들을 보내셨다. 그러나 그때마다 그들은 하나님의 종들을 무시하고 괴롭히고 죽이는 일을 서슴없이 하면서 자기들의 잘못에서 돌이키지 않았던 것이다.

이사야 선지자는 므낫세 왕이 다스리던 시대에 우상 숭배에 대한 반대 활동을 하다 체포되어 두 널판 사이에 결박된 상태로 톱으로 켜 죽임을 당했다고 한다(히11:37).

또한 예레미야는 동족에게 하나님의 심판의 메시지를 전해야만 했다. 이 일로 인해 그는 반역자 또는 매국노라는 낙인이 찍혀 종족으로부터 철저하게 외면을 당했으며 때로는 매를 맞기도 하고 구덩이에 던져짐을 당하기도 했다. 감옥에 갇혀 온갖 고통과 괴로움을 당하다 결국 순교 당한 것으로 전해진다.

아합시대에 미가야라는 선지자는 아합이 전쟁에 나가기 전 전쟁터에 나가면 반드시 죽을 것이라는 옳바른 예언을 해주었지만 거짓 선지자에 의해 뺨을 맞았다. 아합은 그가 불길한 예언을 했다고 감옥에 가두므로 그는 고생의 떡을 먹어야 했다.

아모스 선지자는 유다의 드고아라는 곳에서 양떼와 뽕나무 과수원을 통해 생계를 꾸려가던 사람이었다. 그런데 하나님이 북이스라엘에 가서 하나님의 심판에 대해 말씀을 선포하라는 지시를 받고 그곳에 갔다. 그곳에서 열심히 심판의 메시지를 전하자 벧엘의 제사장이었던 아마샤는 아모스에게 유다 땅으로 도망가서 거기서 예언이나 하면서 떡이나 얻어 먹으라고 말했다. 하나님을 섬겨야 할 제사장으로부터 아모스는 가짜 예언을 하면서 입에 풀칠이나 하는 거짓 선지자로 취급을 받았던 것이다. 이외에도 많은 선지자들이 억울한 대우를 받으며 하나님의 메시지를 전했지만 듣기를 거부하므로 멸망을 자초했던 것이다.

북왕국의 선지자들

북이스라엘에서 활동했던 선지자들 중에 대표자는 엘리야 선지자이다. 그는 아합의 죄를 지적하고 회개를 촉구했으며 갈멜산에서 바알 선지자들 450명과 대결하므로서 하늘에서 불로 응답 받아 번제단에 드린 제물과 제단 위에 있는 모든 것을 태우므로 누가 살아 계신 진짜 하나님이신지를 백성들에게 보여 주었던 위대한 선지자이다.

엘리사 선지자는 엘리야의 뒤를 이은 선지자이다. 엘리사는 아합의 아들 아하시야, 여호람, 예후, 여호아하스가 통치하던 시대에 활동하다 북이스라엘의 10대 왕인 요아스 때에 마지막으로 땅을 세 번 친 요아스에게 아람을 세 번만 이길 수 있다는 예언을 마지막으로 하고 죽었다. 그는 북이스라엘이 나가야 할 방향을 제시하며 이끌어가던 신앙의 주체가 되었던 선지자였다.

아모스 선지자는 북왕국의 왕 여로보암 2세 때부터 활동하기 시작했으며 다메섹, 가사, 두로, 에돔, 암몬, 모압, 유다, 그리고 북이스라엘의 죄를 지적하며 회개를 촉구했던 선지자이다.

요나 선지자는 북이스라엘의 여로보암 2세 중엽에 앗수르의 수도인 니느웨에 가서 회개를 촉구하던 선지자이다. 그의 메시지는 만약 그들이 돌이키지 않으면 멸망할 것이라는 메시지를 전했다. 이때 니느웨는 왕으로부터 모든 백성들이 회개하며 죄를 자복하므로 멸망 당함을 피할 수 있었다.

호세아 선지자는 북이스라엘의 여로보암 2세 말기부터 북왕국의 죄를 지적하며 회개할 것을 촉구했던 선지자이다.

남왕국의 선지자들

남왕국을 향해 말씀을 선포했던 선지자는 오바댜(B.C. 840년경)이다. 그는 에돔이 여호람 때 유다가 잘못한 죄를 지적했다. 그리고 그들의 교만함과 사악함에 대한 심판을 선포했다. 에돔은 세일산 가운데 요새화 된 높은 산에서 안전하게 살았기에 교만해져서 한 핏줄인 이스라엘을 멸시하고 관심조차 보이지 않았던 것이다.

요엘(B.C. 835년경) 선지자는 어린 왕 요아스 시대에 대 제사장 여호야다가 섭정하던 시대로 알려져 있다. 그의 중요한 메시지는 메뚜기 재앙으로 인한 회개의 촉구와 하나님의 구원에 대한 약속을 선포했다. 왜냐하면 요아스가 왕위에 올랐을 때는 그의 아버지 아하시야와 할아버지 여호람이 이방신을 섬기고 우상 숭배를 온 나라에 퍼뜨려 놓은 상태였기에 회개를 촉구한 것이다. 그리고 요엘(2:28-29)을 통해서 말세에 성령이 모든 믿는 자들에게 임하실 것을 예언해 놓았으며 사도 행전에서(행2:17-21) 그 예언이 이루어졌다.

미가(B.C. 740-700년경) 선지자는 주로 남쪽 유다의 죄악에 대해 지적하며 회개를 촉구하던 선지자이다. 만약 그들이 회개 하지 않는다면 심판을 받을 것이라는 메시지를 선포했다. 그리고 북이스라엘이 그들의 죄악으로 인해 앗수르에 의해 멸망 당할 것이라고 예언했다. 미가는 이사야와 동일한 시대에 활동한 선지자이다. 미가 선지자는 미가5:2에서 예수 그리스도가 베들레헴에서 태어나실 것을 예언한 선지자이다.

이사야(B.C. 738-696년경) 선지자는 웃시야, 요담, 아하스, 그리고 히스기야 시대에 활동했으며 그 당시 나라의 부강으로 인해 사치와 우상 숭배가 만연하므로 죄와 탐욕에 젖어 있던 타락을 지적했으며 그들에게 회개할 것을 촉구했던 선지자이다.

스바냐(B.C. 629-608년경) 선지자는 요시야 시대에 활동하던 선지자였다. 그는 요시야 왕에게 종교개혁을 할 것을 촉구했으며 요시야 왕은 즉위 12년부터 종교개혁을 단행하게 되었다.

예레미야(B.C. 626-585년경) 선지자는 요시야 왕이 다스리던 시대에 활동한 선지자이다. 요시야 왕은 악한 왕이었던 므낫세와 아몬의 자손이다. 그런데 그는 바알 우상 숭배로 뒤덮고 있던 시대에 종교 개혁을 시도했다. 요시야 왕이 즉위 한 후 12년부터 18년까지 종교개혁을 단행 했는데 예레미야는 요시야 왕 즉위 13년부터 선지자로서 활동을 시작했다. 예레미야는 진정한 개혁이란 내적인 변화가 일어나야 한다고 외쳤다. 그러나 예레미야 선지자는 눈물의 선지자란 별명이 붙을 만큼 하나님의 말씀을 선포했지만 백성들은 하나님의 경고를 무시하고 죄악으로 달려가서 심판을 피할 수 없게 되었다. 이것을 잘 알고 있던 예레미야 선지자의 마음은 동족을 향한 안타까움에 눈물을 많이 흘렸던 선지자다.

나훔(B.C. 621-612년경) 선지자는 요나 선지자에 이어 두 번째로 니느웨의 멸망에 대해 선포한 선지자이다. 요나가 니느웨에 대한 멸망을 선포한지 약 백오십 년 정도 지난 후에 일어난 사건이다. 나훔 선지자는 요시야 왕이 즉위한지 18년 경에 앗수르의 수도인 니느웨가 멸망할 것이라고 선포했다.

하박국(B.C. 606-586년경) 선지자는 하나님께서 왜 악인이 형통하도록 허용하시는지? 그리고 왜 악인을 사용하셔서 하나님이 선택한 백성을 치시도록 하시는지? 에 대해 궁금해 하며 질문을 한다. 이때 하나님은 그에게 대답하시기를 비록 악한 바벨론을 징계의 채찍으로 사용하시지만 그들도 그들의 죄악으로 인해 반드시 멸망당할 것이라고 하셨다. 그리고 남유다가 멸망 당하는 것은 그들의 죄악으로 인해 하나님의 심판을 피할 수 없다는 것임을 확인시켜 주셨다.

에스겔(B.C. 593-571년경) 선지자는 바벨론의 포로로 함께 끌려가 그곳에서 자기 백성들에게 희망의 메시지를 전했던 선지자이다. 남유다는 정치상으로 애굽과 바벨론의 강대국 틈에서 눈치를 보며 이나라 저나라의 속국으로 있었다. 여호야김(B.C.609-598년)은 애굽의 도움으로 왕위에 오르게 되었다. 그러나 B.C. 605년 애굽 왕 바로느고는 유브라데 유역에서의 싸움에서 느부갓네살에 의해 패배하게 되므로 바벨론의 속국이 되고 말았다. 그래서 여호야김도 3년 동안 바벨론의 속국 왕이 되어 바벨론 왕을 섬기게 되었다. 그러다 그는 느부갓네살 왕을 배반한다(왕하 23:34-37; 24:1). 여호야김이 죽은 후 그의 아들 여호야긴이 3개월간 다스리다가 B.C. 597년 바벨론을 섬기는 것을 거부하고 배반했다. 유다의 배반에 대해 괘씸히 여긴 느부갓네살은 군대를 보내어 2차로 예루살렘을 공격하여 함락시켰다. 그리고 여호와의 성전에 있던 보물과 왕궁의 보물을 모두 가져갔다. 그리고 솔로몬이 만든 여호와의 성전의 금 그릇을 다 파괴시켰다. 이때 많은 사람들을 바벨론으로 끌고 갔는데(왕하24:14-16) 이때 에스겔도 바벨론으로 함께 끌려갔다. 에스겔 선지자는 이처럼 슬픈 시대에 태어나 힘든 고비를 거치면서도 이스라엘이 곧 회복되어 옛 영광을 얻게 될 것이라는 소망의 메시지를 백성들에게 전하는 역할을 했다. 에스겔과 다니엘은 포로 기간 중에도 포로로 잡혀간 백성들과 함께 하면서 지속적으로 하나님의 말씀을 선포한 선지자들이다.

다니엘 선지자는 남유다의 귀족의 자손이었다. 그는 B.C. 605년경 바벨론 왕 느부갓네살이 1차로 침입했을 때 포로로 끌려간 사람들 중에 한 사람이다. 그 당시 다니엘은 10대의 소년이었다. 그는 바벨론의 왕실에서 양육되었으며 느부갓네살 왕에게 발탁되어 왕을 자문해 주는 중요한 자리에까지 올라가게 되었다. 다니엘은 탁월한 정치와 선지자로서의 사명을 잘 감당하며 거의 60년 이상 바벨론과 메대와 바사가 통치하는 동안 하나님의 지혜를 통해 꿈도 해석하고 또한 앞으로 일어날 일들을 꿈과 환상을 통하여 예언했던 선지자이다.

학개, 스가랴, 그리고 말라기 선지자들은 포로 이후 이스라엘 땅으로 돌아온 백성들에게 하나님의 말씀을 전하던 선지자들이다. 바벨론 왕 느부갓네살은 예루살렘을 파괴했으며 하나님의 성전도 파괴했다. 그러기에 본국으로 귀환한 백성들이 첫 번째 해야 할 임무는 성전을 재건하여 하나님을 섬기는 일이었다.

1차 포로로부터의 귀환은 B.C. 538년에 유다의 총독으로 임명 받은 스룹바벨과 함께 많은 사람들이 돌아오게 되었다. 그리고 성전 재건을 시도했지만 기초만 닦아논 상태에서 주변의 반대로 인해 성전 재건이 중단되었다. 그리고 방치된 상태로 16년이나 흘렀으며 그동안 백성들은 자기들의 집을 화려하게 짓는데만 정신이 팔려 있었다. 이때 학개 선지자가 일어나 하나님께로부터 받은 말씀을 선포하므로 성전을 세우도록 격려 했다. 그리고 4년 만에 성전 건축이 완성되었다.

이때 스가랴 선지자도 학개 선지자의 옆에서 같이 백성들을 격려하는 일을 했던 선지자이다. 스가랴의 뜨거운 열정은 백성들로 하여금 큰 과업을 완수할 수 있도록 하는데 큰 힘이 되었다. 학개와 스가랴는 훗날에 메시야께서 반드시 오실 것이며 그때는 백성들이 다시 큰 능력을 힘입어 일어날 것이라는 소망의 메시지를 전했다.

말라기 선지자는 구약의 마지막 선지자이다. B.C. 444년 제3차 바벨론 포로 귀환 때부터 그가 말라기를 기록한 연대로 추정되는 B.C. 430년까지 활동한 선지자이다. 말라기는 하나님이 선택해 주신 선민으로서 갖추어야 할 신앙의 모습으로 변화시키려고 노력한 선지자이다. 특별히 하나님을 올바로 섬겨야 할 종교지도자들인 제사장들의 부패와 십일조와 헌물의 규례를 재정비하도록 촉구했다. 그리고 유다 민족이 이방 여인들과 통혼하는 문제로 인해 생기는 문제 등을 집중적으로 다루면서 그들의 잘못을 지적하며 책망했다. 그리고 종교 운동을 시도하므로 그들이 새롭게 변해 가도록 이끌어 주었다.

하나님께서는 북왕국과 남왕국이 멸망 당하기 전에 12명의 선지자들을 보내 주시고 그들의 죄를 회개하도록 촉구했다. 그뿐 아니라 포로로 잡혀간 그 나라에까지 2명의 선지자를 보내 주시고 죄를 촉구했다. 그러나 그들은 끝내 회개를 하지 않으므로 하나님의 심판을 피할 수 없었던 것이다.

앗수르에 멸망 당한 북이스라엘(왕하 17장)

북이스라엘은 분열왕국이 된 B.C. 931년부터 죄악으로 점철된 역사를 이루었으며 결국 하나님의 회개의 메세지를 무시하다 결국 앗수르에 의해 B.C. 721년에 멸망되고 말았다.

바벨론에 멸망 당한 남유다(왕하 24장)

남왕국도 북이스라엘과 별다를 것이 없었다. 하나님은 그
들에게도 많은 선지자들을 보내서서 회개를 촉구했지만 듣
지 않고 죄악의 길로 치달았다. 그 결과 그들도 B.C. 931년에
분열되어 B.C. 586년에 하나님이 사용하신 바벨론의 왕 느부
갓네살에 의해 멸망 당하고 포로로 잡혀가게 된것이다.

바벨론 포로에서의 귀환(에스라 & 느헤미야)

하나님은 예레미야 선지자를 통해 남왕국의 백성들이 바벨
론의 포로로 잡혀가서 70년 동안 그 나라를 섬기게 될 것이며
본토는 그 동안 폐허가 될 것이라고 예언하도록 하셨다. 그러
나 포로 기간의 70년이 끝나면 하나님께서 그들을 돌아보사
다시 본국으로 돌아오도록 할 것이라고 약속하셨다(렘25:11-
13, 2; 9:10). 그리고 하나님은 그 약속의 말씀을 신실하게 지
키시고자 바사 나라의 왕 고레스를 사용하셔서 그로 하여금
바벨론을 멸하도록 하셨다. 그리고 고레스 왕으로 하여금 바
벨론의 포로로 잡혀 갔던 유다 민족을 예루살렘으로 귀환하
라는 조서를 내리도록 하셨다.

"바사왕 고레스는 말하노니 하늘의 신 여호와께서 세상 만국으로 내게 주셨고 나를 명하사 유다 예루살렘에 전을 건축하라 하셨나니 이스라엘의 하나님은 참 신이시라 너희 중에 무릇 그 백성 된 자는 다 유다 예루살렘으로 올라가서 거기 있는 여호와의 전을 건축하라 너희 하나님이 함께 하시기를 원하노라 무릇 그 남아 있는 백성이 어느 곳에 우거하였든지 그곳 사람들이 마땅히 은과 금과 기타 물건과 짐승으로 도와주고 그 외에도 예루살렘 하나님의 전을 위하여 예물을 즐거이 드릴찌니라"(스1:2-3절).

하나님은 단지 이스라엘의 하나님만이 아니라 온 우주를 다스리시는 분이심을 나타내 보여 주신다. 하나님이 하시고 자 하시면 어떤 나라든 그리고 어떤 사람이든 사용하실 수 있는 분이시다.

이사야 45:1절에서, "나 여호와는 나의 기름 받은 고레스의 오른손을 잡고 열국으로 그 앞에 항복하게 하며 열왕의 허리를 풀며 성 문을 그 앞에서 열어서 닫지 못하게 하리라"고 하셨다.

그러므로 하나님은 약속하신 구원 계획을 이루시고자 이방 나라의 고레스 왕을 사용하시어 유다 민족이 자기 나라로 귀환하도록 하셨던 것이다.

남왕국의 유다 민족이 처음으로 바벨론의 포로가 될 때는 B.C. 605년 느부갓네살 왕이 1차로 침략할 때였다. 이때 여호야김 왕과 다니엘과 세 친구, 그리고 많은 지도자들이 잡혀갔다. 그리고 2차 포로로 잡혀갈 때는 B.C. 597년에 느부갓네살 왕이 애굽으로 1차 원정 갔을 때이다. 이때 에스겔 선지자와 여호야긴 왕 그리고 1만여 명이 포로로 잡혀갔다. 3차 포로로 잡혀갈 때는 B.C. 586년 남왕국이 완전히 멸망 당할 때이다. 그러기에 예레미야가 예언한 포로기 70년은 느부갓네살이 1차로 침략한 B.C. 605년부터 바사국의 고레스 왕이 바벨론을 멸하고 이스라엘 백성들이 귀환하도록 칙령을 발표했다(대하36:22-23; 스1:1-4). 그리고 이때부터 바사 지역에 흩어져 살던 유다 포로들은 포로생활을 청산하고 3차에 걸쳐 귀환을 한다. 제1차 귀환은 B.C. 538년에 이루어졌다. 그러므로 예레미야가 예언하고(렘25:11-12; 29:10, 14), 이사야 선지자가 예언한(사44:28; 45:1-3) 말씀이 이루어진 것이다.

제1차 포로 귀환(스1-6장)

B.C. 538년에 이스라엘 백성들의 1차 포로 귀환이 시작되

는데 이때 총독 스룹바벨이 인솔하여 귀환한다. 이때 스룹바벨은 바사 왕 고레스의 칙령에 의해 약탈 당했던 성전의 모든 기물들을 도로 찾아 5만여 명의 유다인들을 인솔하여 귀환을 한다. 이때 스룹바벨은 제사장 예수아와 더불어 힘을 모아 하나님의 단을 쌓고 성전 건축을 시작한다. 그러나 가나안 거민들이 성전 짓는 일에 훼방을 놓았다. 그로 인해 아닥사스다 왕이 성전 공사를 중단하라는 조서를 내리므로 B.C. 520년까지 중단되고 말았다. 그 후 16년 동안 성전 건축이 중단된 기간 동안 유다 백성들은 영적으로 나태해졌다. 그래서 그들은 성전을 지으려는 생각보다 자기들의 집과 삶의 풍성함만 추구하며 사는 일에 치중하고 있었다. 이 때에 학개와 스가랴 선지자가 일어나 신앙적 격려와 용기를 주므로 다리오 왕 때 성전 건축을 허락받아 다시 시작할 수 있었다. 그리고 그들은 온갖 어려움이 닥쳐오는 가운데서도 성전 건축에 열정을 다하므로 마침내 성전을 B.C. 516년에 완공할 수 있었다(스 6:15).

제2차 포로 귀환(에스라7-10장)

제2차 포로 귀환은 B.C. 458년경에 이루어졌다. 이때 귀환

하려는 사람들을 이끌고 돌아온 지도자의 이름은 에스라이다. 그는 학사로서 모세의 율법에 정통한 서기관이었다. 그는 포로 귀환 후에 유다인들에게 율법 교육과 개혁운동을 시도한 선구자였다. 그러므로 백성들로 하여금 하나님의 말씀대로 살도록 이끌어 주었다. 그리고 그는 이방인들과 결혼한 사람들을 가려내고 그들을 돌려 보내는 등 단호한 종교 개혁을 주도했던 위대한 지도자이다.

제3차 포로 귀환과 성벽 중수(느헤미야1-7장)

제3차 포로 귀환은 B.C. 444년에 이루어졌는데 이때 귀환을 인솔한 지도자는 느헤미야였다. 그는 바사 왕 아닥사스다 1세의 통치 기간 중 술 맡은 관원장으로 있었던 사람이다. 그런데 그 당시 바벨론으로부터 귀환한 유다 민족은 힘이 없어서 주변 이방인들에게 수모를 당하고 있었다. 바사 왕국에 있던 느헤미야가 그 소식을 들은 것이다. 또한 느헤미야는 예루살렘 성벽이 무너졌다는 소식을 듣자 크게 슬퍼하며 금식 기도를 했다. 그리고 느헤미야는 자원하여 예루살렘의 총독으로 부임하므로 예루살렘 성벽을 재건하는 일에 직접 지휘를 한다. 그는 에스라가 귀환 한지 13년 만에 3차로 귀환했다.

느헤미야는 산발랏과 도비야, 아라비아인, 암몬인, 아스돗인
들의 모의와 반대에도 불구하고 52일 만에 성벽을 완성한다.
그리고 영적 부흥을 일으킨 위대한 지도자이다.

400년의 암흑기간(B.C. 400-A.D. 4)

말라기는 구약시대의 마지막 선지자로서 느헤미야가 성벽
을 완성한지 약 10년 후인 B.C. 435년경에 활동한 선지자이
다. 그는 예루살렘 성전이 완성되고 그리고 성벽도 재건된 상
황 속에서 활동을 했던 선지자이다. 이스라엘 백성들은 성전
과 성벽이 다 완성 되자 서서히 하나님을 섬기는 일에 열심이
점점 사라지기 시작했다. 그래서 종교적 나태와 형식주의로
변해갔다. 그래서 말라기 선지자는 그들의 죄와 배교를 꾸짖
었다. 이스라엘 백성들은 하나님께 드리는 헌물과 십일조를
소홀히 여기고 잡혼과 이혼이 끊이지 않았다. 제사를 소홀히
여기고 하나님과의 계약을 파괴했다. 그들은 하나님께 드려
야 할 영광도 돌리지 않았다. 그리고 하나님에 대하여 올바로
가르치며 이끌어 주어야 할 종교지도자들이 타락하므로 백
성들도 타락하고 있다는 것을 말라기 선지자는 지적하며 회
개를 촉구했던 것이다.

그런데 말라기는 이런 상황 속에서도 소망의 메시지를 전했다. 하나님은 그의 사자를 보내 주셔서 메시야가 오실 길을 예비하도록 하실 것이라는 것이다. 메시아 앞에 올바로 서기를 소망하는 자들은 하나님의 말씀을 지키라고 촉구한다.

예수님이 태어나시기 전 400년 동안을 "암흑시대" 또는 "신구약 중간 시대"라고 부른다. 말라기 선지자가 마지막 하나님의 말씀을 선포한 이후에 하나님은 어느 누구에게도 계시를 내려 주지 않으셨다. 그렇게 많은 선지자들이 활동을 했지만 이제 딱 끊긴 것이다. 하나님은 포로가 되었던 이스라엘 백성들이 고향으로 돌아와 성전을 짓고 성벽을 재건하는 약 200년 동안에는 그들과 함께 하셨다. 그러나 그 후에는 침묵하셨던 것이다.

신구약 중간 시대의 강대국들과
유대 민족과의 관계

신바벨론

신바벨론 제국은 B.C. 626년부터 538년까지 거대한 땅을 정복하여 지배하던 강대국이었다. 바벨론의 느부갓네살 왕은 강대국이었던 앗수르 제국을 멸망시키고 신바벨론 왕국을 형성하게 되었다. 느부갓네살 왕은 B.C. 605년에 남왕국을 1차로 침공한 후 B.C. 586년에 3차 침공으로 예루살렘 성전과 성벽을 완전히 멸망시키므로 남왕국은 멸망되었다. 그리고 고레스 왕이 유대 민족을 귀환시킨 B.C. 538년까지 약 70년간 유대인을 다스렸다.

바사-페르시아 제국

바사 제국은 B.C. 538년부터 알렉산더가 바사 제국을 물리
친 B.C. 331년까지 바사 제국이 존속해 왔다. 바사 제국의 초
대 왕이었던 고레스 왕은 바벨론에 포로로 잡혀 왔던 유대인
들에게 자유를 주어 본국으로 돌아가도록 칙령을 내렸다. 고
향으로 돌아온 유대인들은 하나님의 성전을 짓고 성벽도 재
건하면서 신앙으로 정착해 나갔다. 유대 민족이 암흑기에 들
어가는 시대까지 바사 제국의 영향 아래 놓여 있었다.

그리스-헬라 제국

헬라 제국은 B.C. 331년부터 B.C. 166년까지 유대 민족을
다스리게 되었다. 알렉산더 대왕은 바사 제국을 멸망시켰다.
그러나 능력이 있던 알렉산더 대왕은 33살의 젊은 나이에 갑
작스런 병에 의해 죽게 되었다. 이 일로 인해 헬라 제국은 알
렉산더의 부하였던 네 명의 장군들에 의해 나뉘어져 다스려
지게 되었다. 그러므로 마케도니아의 카산더, 시리아의 셀레
우코스, 소아시아의 리시마커스, 애굽의 프톨레미 왕조가 새
롭게 시작되었는데 이들 각 지도자들은 자기들이 알렉산더

의 후계자임을 주장했다.

그 후 소아시아의 리시마커스 왕조는 시리아의 셀레우코스 왕조에 의해 멸망을 당하여 3국체제가 되었다. 그러므로 유대 민족은 바벨론과 메데-바사 제국에 이어 헬라 제국의 식민지가 된 것이다. 유다는 초기에 애굽을 세운 프톨레미 왕조의 식민지가 되었으나 그로부터 100여 년 후 애굽이 시리아와의 싸움에서 패함으로 인하여 시리아의 셀레우코스 왕조의 안티오쿠스에 귀속되고 말았다. 알렉산더 대왕의 부하들이 이집트와 바벨론의 커다란 땅들을 차지하며 영향을 끼쳤기에 헬라문화는 광대하게 퍼져 나가게 되었던 것이다. 그러므로 예수님 당시에는 헬라어가 거의 세계적인 공통 언어로 사용되었던 것이다. 그래서 프톨레미 2세에 의해 헬라어로 번역된 70인역 성경이 쓰여지게 된 것이다. 알렉산더 대왕이 세계를 헬라화시켰기에 신약시대에 와서 복음이 세계로 전파되는데 큰 역할을 할 수 있었던 것이다.

마카비 혁명

안티오쿠스 4세인 에피파네스는 로마에 조공을 바치도록 하기 위해 유대인들의 모든 관습을 금지 시키라는 칙령을 내렸으며 잔혹하게 핍박하는 정책도 사용하기 시작했다(B.C. 166). 그는 유대인 양민들을 급습하여 무지막지하게 학살을 주도했다. 그로 인해서 제사장 가문의 맛다디아와 그의 아들들이 독립 운동을 시작하게 된 것이다. 마카비는 맛다디아의 셋째 아들인 유다의 별명이다. 그들은 잔인한 안티오쿠스 4세의 정책에 대항해서 투쟁을 선포하므로 마카비 운동이 일어났다. 그리고 그로 인해 유대 민족은 100여 년 동안 로마로부터 독립을 하게 되었다(B.C. 166- B.C. 63).

이 기간 동안 마카비의 후계자들이 유대를 다스리게 되었는데 그들을 하스모니안 왕조라고 불렀다. 이렇게 해서 4대째까지 내려오면서 이두메라는 지역까지 다스리게 되었다. 그리고 이 지역을 다스리도록 하기 위해 총독을 세웠는데 그 사람이 안티파스라는 사람이다. 그는 본래 에돔을 다스리던 왕이었다. 그런데 그는 로마 세력이 점점 커져 간다는 것을 눈치 채고 친로마 정책을 펴므로 로마의 힘을 등에 업어서 마카비 왕조를 반역했다. 그리고 그는 로마의 힘을 얻어 유대의 왕자리를 차지하게 되었다(B.C. 37). 이렇게 해서 유다 땅에 헤롯 왕조가 시작되게 된 것이다. 예수님이 탄생하던 시기에는 에돔 사람 헤롯 대왕이 유대인의 왕으로 세력을 잡고 있었으며 또한 그 뒤에는 로마라는 지배 권력이 버티고 있어서 유대 민족은 두 세력의 밑에서 고통을 당해야 했다.

로마 제국

로마는 이탈리아 반도에서 약 B.C. 8세기 중엽부터 아주 작은 나라로 시작되어 예수님이 오시기 전 약 2-3세기 사이에 헬라니즘 세계가 탄생하고 세력을 뻗쳐 나가므로 로마의 제국을 이루는 거대한 나라로 성장이 되었다. 약 B.C. 70년 경에 검투사인 스파르타쿠스의 반란으로 어려움을 겪을 때 폼페이우스와 크라수스 장군이 임명되어 검투사들을 성공리에 진압시켰다.

폼페이우스 장군은 B.C. 63년에 예루살렘을 함락시키므로 유대는 로마의 정치 아래에 놓이게 되었다. 이때로부터 로마 정권은 A.D. 500년 경까지 유지해 나가게 된것이다.

예수님이 오실 당시에 활동했던 주요 인물들

　예수님이 오셨을 당시 유대인들의 사회속에 어떤 사람들이 활동을 하고 있었는가를 안다면 예수님과 그의 사역이 얼마나 어려웠던가를 더 쉽게 이해 할 수 있을 것이다. 왜냐하면 예수님은 바로 이런 사람들이 가지고 있었던 생각과 사상 속으로 들어 오셔서 구원 사역을 감당하셨던 것이다. 과연 그 사람들이 어떤 사람들인가를 안다면 예수님이 인류 구원을 위한 길을 가시는데 얼마나 힘들고 어려우셨는가를 조금이라도 이해 할 수 있을 것이다.

산헤드린(공의회)

　이 산헤드린은 유대인들의 최고 자치 의결 기관이었다. 물론 그 당시 유대 민족은 로마의 속국으로서 로마의 황제 또는 로마가 세운 왕, 또는 총독의 권한 아래에 놓여 있었지만 이러한 권세를 제외하고 유대 민족의 종교 문제나 일상 생활에서 일어나는 문제들을 결정하는데 가장 큰 권한을 가지고 있었던 기관이 바로 산헤드린이었다. 그러나 이 산헤드린 공의회에서는 사람을 죽일 수 있는 권한이 없었다. 그러기에 유대인들이 예수님을 거짓 모함으로 붙잡았지만 사형 집행권이 없었기에 로마 정부의 총독인 빌라도에게 예수님을 죽여 달라고 했던 것이다(요18:30-31). 산헤드린의 회원은 약 70명으로 구성되었으며 그 회원은 제사장들, 장로들, 그리고 서기관들이었으며 산헤드린의 의장은 대제사장이 맡았다.

대제사장

사실 대제사장의 역할이란 아주 중요했다. 왜냐하면 백성들이 하나님을 잘 섬기며 하나님 중심으로 살도록 이끄는 역할을 해야 하는 사람이 바로 대제사장이었기 때문이다. 그러기에 대제사장의 역할은 유대인들을 종교적으로 이끌어가야 할 가장 중요한 인물이라고 볼 수 있다. 대제사장은 아론의 후손들만이 그 역할을 감당하며 신실하게 하나님을 섬기는

일을 감당하도록 되어 있었다. 그러나 예수님 당시의 대제사
장들은 헤롯이나 로마 정부의 권력에 의해 임명되었기에 하
나님이 명령하신 올바른 신앙의 정신을 가진 사람이 아닌 정
치적으로 약삭 빠른 사람들이 임명이 되어 그 역할을 감당하
는 폐단이 일어나게 된 것이다. 그러기에 대제사장의 권력에
속해 있던 자들은 예수님이 오셨을 때 앞장서서 그를 잡아 죽
이려 했던 자들이었으며 결국 그들의 손에 의해 죽임을 당하
시게 되었다. 왜냐하면 대제사장은 사두개파로서 정치에 관
심을 가지고 권력을 잡는 일에만 온 힘을 기울였기에 로마 정
부의 권력을 등에 업는 일이 그들에게는 가장 중요한 일이었
다. 그래서 바리새파와 사두개파는 같이 힘을 합해 예수님을
죽이는 일에 앞장 섰던 것이다(막3:6).

사두개파

이들은 제사장의 혈통을 이어서 내려온 사람들로 구성된
집단이라고 볼 수 있다. 사두개라는 이름은 사독이라는 제사
장의 이름을 따서 전해져 내려온 것이다. 그 당시 사두개파들
은 하나님의 말씀인 율법에는 별로 관심이 없고 단지 정치에
관심을 가지고 있어서 로마 정부의 인정을 받아 하나님을 섬

기는 일도 자기들의 유익만을 위해서 계획했으므로 잘못된 쪽으로 가고 있었다. 사두개파들은 바리새파와 전혀 다른 신앙을 가지고 있었다. 사두개파들은 현세주의자들이기에 이 세상에서 잘먹고 잘 살자는 것을 주장하며 권력과 결탁했던 자들이다. 그래서 사두개파들은 죽음 이후의 세계에 대해 믿지 않았으며 부활도 믿지 않았다. 천사도 믿지 않았다. 반면 바리새파는 내세나 천사를 믿었으며 부활도 믿었다. 그래서 사도 바울이 천부장에게 잡혔을 때 그들 앞에서 간증을 하려고 하다가 바리새파와 사두개파가 섞여 있다는 것을 알고 그들의 힘을 분리시키기 위해 지금 자기는 죽은 자의 소망 곧 부활로 말미암아 심문을 받고 있다고 말하므로 이 두파의 힘을 갈라 놓았던 것이다(행23:6-10).

바리새파

바리새인들은 권력에는 별로 관심을 가지지 않았으며 오직 율법만을 연구하던 학자들이라고 보면 된다. 그들은 율법을 철저하게 지켜야 한다고 하면서 연구하여 더 세분화시켜서 백성들을 가르치고 이끄는 역할을 했던 자들이었다. 그러나 그들은 자신들이 가르치는 율법은 지키지 않으면서 백성들

에게만 강요하므로 힘들게 했던 자들이었다. 그들은 사두개
파들과는 달리 백성들과 가까이서 밀접한 관계를 맺으므로
서 백성들의 사랑과 인기를 독차지 하고 있었다. 그런데 갑자
기 예수라는 청년이 혜성과 같이 나타나서 기적을 행하시며
백성들의 인기를 독차지 하게 되자 바리새인들은 시기가 나
서 견디지 못하고 어찌하든 흠을 잡아 예수님을 죽이려고 혈
안이 되었던 것이다. 바리새파들은 늘 예수님을 따라 다니며
감시를 하되 안식일을 어기시는지, 안식일에 병을 고치시는
지, 그리고 정결의식을 어기는지에만 초점을 맞추었다. 그래
서 그들이 예수님을 정죄하며 충돌을 일으킨 것들을 보면 예
수님이 안식일에 병을 고쳤기에 안식일을 범한 죄인으로 그
리고 손을 닦지 않고 음식을 먹었기에 죄인이라고 흠을 잡아
정죄를 했던 것이다(마15:2-11). 그들이 예수님을 십자가에
못박은 것도 민중들의 인기를 빼앗긴 것에 대한 시기와 분노
로 시작된 것이다. 그들은 늘 예수님에게 누가 그런 권세를
주었기에 그런 일을 행하느냐고 물었던 것이다(막11:28). 그
래서 바리새인들은 예수님을 죽이므로 자기들이 빼앗긴 백
성들의 인기와 권세를 다시 회복하고자 계획했지만 그들은
어리석게도 메시야를 죽이는 죄를 범하게 된 것이다.

서기관, 율법사, 랍비

  서기관들은 다양한 이름으로 불리웠다. 서기관들은 모두 바리새파에 속한 사람들이었다. 그들은 율법을 연구하고 그 율법을 가리키는 일을 했던 사람들이다. 그리고 그들은 율법을 해석하고 보존하는 일을 했던 사람들이다. 그리고 공적인 문서를 기록하고 보존하는 역할을 맡은 자들이다. 그러나 문제는 그들의 가르침은 형식에 치우치므로 외식에 빠졌던 것이다. 그래서 예수님이 그들을 향해 외식하는 자들이라고 꾸짖으셨던 것이다. 서기관들 중의 많은 사람들이 산헤드린의 공회원이기도 했다.

제2부
드디어 약속된 메시아가 오심

"때가 차매 하나님이 그 아들을 보내사
여자에게서 나게 하시고 율법 아래에 나게 하신 것은
율법 아래에 있는 자들을 속량하시고
우리로 아들의 명분을 얻게 하려 하심이라"
(갈4:4-5).

드디어 약속하신 구원자가 오심

약속하신 구원자 예수 그리스도의 탄생(A.D. 4)

"내가 너로 여자와 원수가 되게 하고, 너의 후손도 여자의 후손과 원수가 되게 하리니 여자의 후손은 너의 머리를 상하게 할 것이요 너는 그의 발꿈치를 상하게 할 것이니라 하시고"(창3:15). "때가 차매 하나님이 그 아들을 보내사 여자에게서 나게 하시고 율법 아래에 나게 하신 것은 율법 아래에 있는 자들을 속량하시고 우리로 아들의 명분을 얻게 하려 하심이라"(갈4:4-5).

하나님께서는 범죄로 인해 영원한 심판 아래 놓여 있는 죄인들을 위해 여자의 후손을 통해 구원자를 보내주시겠다고 약속하셨다. 또한 선지자들을 통해 어디에서 태어나실 것인가를 예언해 주셨다.

"베들레헴 에브라다야 너는 유다 족속 중에 작을찌라도 이스라엘을 다스릴 자가 네게서 내게로 나올 것이라. 그의 근본은 상고에 태초에니라"(미5:2).

하나님은 때가 되자 그 약속하신 구원자를 약속대로 태어나도록 이 세상에 보내 주셨다. 하나님은 독생자 되신 예수 그리스도를 헤롯왕 때에 유대 베들레헴에서 탄생하도록 하셨다. 예수님께서는 죄악으로 멸망 당할 수밖에 없는 인간들을 구원하시기 위하여 이 세상에 탄생하신 것이다.

"영접하는 자 곧 그 이름을 믿는 자들에게는 하나님의 자녀가 되는 권세를 주셨으니"(요1:12).

자기가 죄인임을 시인하고 예수님을 하나님의 아들로 믿고 자신의 구세주로 영접하는 사람은 누구나 할 것 없이 하나님의 자녀가 되는 축복을 허락해 주신다.

구약의 성도들은 예수 그리스도가 오실 것이라는 약속의 말씀을 믿고 오실 메시야를 소망 가운데 바라보며 믿었다. 그러나 신약의 성도들은 이미 오신 메시야를 믿는 자들이다. 그러기에 구약의 성도들이나 신약의 성도들은 모두 예수 그리스도를 믿는 믿음으로 구원 받은 자들이다.

헤롯왕 때 가브리엘 천사가 마리아라는 처녀에게 나타나서 하나님의 메시지를 전한다. "…성령이 네게 임하시고 지극히 높으신 이의 능력이 너를 덮으시리니 이러므로 나실바 거룩한 자는 하나님의 아들이라 일컬으리라"(눅1:35). 그리고 태어나실 분의 이름까지 정해 주셨다. "보라 네가 수태하여 아들을 낳으리니 그 이름을 예수라 하라"(눅 1:31).

A.D. 4년경에 가이사 아구스도가 영을 내려 천하로 다 호적을 하라고 했다. 그래서 요셉은 다윗의 집 족속이기에 호적을 하러 베들레헴으로 잉태된 마리아를 데리고 갔다. 이때 마리아는 산기가 다 되어 그곳에서 아기를 낳게 되었는데 호적하는 사람들로 인해 여관에는 해산 할 마리아가 머물 방이 한 군데도 없었다. 그래서 말이 자는 마구간에서 예수님을 낳을 수 밖에 없었다.

"거기 있을 그 때에 해산할 날이 차서 맏아들을 낳아 강보로 싸서 구유에 뉘었으니 이는 사관에 있을 곳이 없음이러라"(눅 2:6-7).

예수님은 이 세상에 구원자로 오셨지만 누구 하나 그를 반겨 주거나 방을 양보해 주는 사람이 없었다. 그러기에 초라한 마구간에서 태어나셨던 것이다. 이는 죄인들을 위해 모든 것을 버리시고 낮고 낮은 모습으로 오신 메시야의 진정한 모습을 보여 주는 것이다.

다윗의 혈통으로 오신 예수 그리스도

"이새의 줄기에서 한 싹이 나며 그 뿌리에서 한 가지가 나서 결실할 것이요"(사 11:1).

하나님은 이새의 아들 중에서 한 싹 즉 다윗을 선택하셔서 왕좌에 앉히셔서 통치하도록 하므로 결실을 맺도록 하시겠다고 약속하셨다. 그런데 육신적인 다윗의 왕조는 바벨론, 페르시아, 그리스, 로마, 등 다른 나라에 의해 무너지고 말았다.

그렇다면 다윗의 혈통을 타고 오셔서 왕좌에 오르셔서 온 우주 만물을 통치하실 분은 누구실까? 그 분이 바로 메시야이신 예수 그리스도이시다. 하나님께서는 나단 선지자를 통해 다윗에게 약속하신 대로 "다윗의 씨, 순, 아들"을 일으켜서 다윗 왕조를 재건하고 온 세상을 통치하도록 하시므로 메시아적 대망을 이루실 것이다. 하나님께서는 다윗의 등불을 끄지 않도록 하시겠다고 하셨던 그 약속을 이루어주셨다. 사악한 아달랴가 다윗의 혈통을 끊으려고 왕자들을 다 죽이는 위험한 가운데서도 하나님은 계속 다윗의 혈통이 이어나갈 수 있도록 하시기 위해 요아스 왕자를 구해 주셨던 것이다. 하나님의 때가 되어 약속했던 다윗의 혈통인 요셉과 정혼한 마리아를 통해 약속하신 메시아를 보내 주신 것이다.

왜 예수님의 족보는 두개 일까?

복음서에는 예수님의 족보가 두개로 나타난다. 이 두개의 족보 중 하나는 마태복음 1장에 기록되어 있고, 또 다른 하나는 누가복음 3장에 기록되어 있다. 그렇다면 왜 이 두족보는 다르게 기록이 된 것일까?

마태복음에 기록된 예수님의 족보(마1:1-16)

마태복음은 마태라는 예수님의 제자가 성령의 감동을 받아 기록한 책이다. 그는 유대인들이 마태복음을 읽고 예수를 믿도록 하려는 목적으로 기록한 책이다. 유대인들은 구약 성경을 하나님의 말씀으로 믿었으며 구약에 약속된 메시아가 예수님이라는 것에 대해 매우 궁금해 했다. 그래서 마태는 유대인들이 예수 그리스도를 믿을 수 있도록 유대인들의 관점에서 기록한 것이다. 구약 성경은 메시아가 아브라함과 다윗의 후손으로 오신다고 기록 되어 있다. 물론 아담이 최초의 사람이긴 하지만 그는 하나님께 죄를 범하므로 하나님으로부터 떨어진 사람이기에 마태는 믿음의 사람인 아브라함으로부터 족보를 시작한 것이다. 왜냐하면 아브라함은 하나님이 부르시고 그를 통해 모든 민족이 복을 받을 사람으로 선택하셨기 때문이다. 그래서 마태는 예수님의 족보를 기록할 때 유대인의 전통에 따라 예수님의 육신의 아버지인 요셉의 족보를 따라 기록하므로 예수님이 아브라함의 후손이며 동시에 다윗의 후손이라는 것을 연결시키고 있는 것이다.[1]

---

1) 아브라함, 이삭, 야곱, 유다, 베레스, 헤스론, 람, 암미나답, 나손, 살몬, 보아스, 오벳, 이새, 다윗, 솔로몬, 르호보암, 아비야, 아사, 여호사밧, 요람, 웃시야, 요담, 아하스, 히스기야, 므낫세, 아몬, 요시야, 여고냐, 스알디엘, 스룹바벨, 아비훗, 엘리아김, 아소르, 사독, 아킴, 엘리웃, 엘르아살, 맛단, 야곱, 요셉, 예수.

누가복음에 기록된 예수님의족보(눅3:23-38)

누가복음은 누가라는 사람이 성령의 감동을 받아 기록한 책이다. 그는 유대인이 아니라 이방인이었다. 그러기에 마태와 같이 유대인들에게 맞추어 쓸 필요가 없었다. 누가는 예수님이 아브라함의 후손이며 다윗의 후손으로 오셔야 한다는 것을 밝히려고 한 것이 아니라 예수님의 족보를 거스려 올라갈 때 아브라함에게 머무르지 않고 인류의 조상인 아담까지 기록을 했다. 그리고 아담을 창조하신 분이 하나님이시며 하나님이 모든 창조물의 시작이 되신다는 것을 강조하고 있다.

그러기에 누가가 기록한 예수님의 족보는 마태가 기록한 족보와 다르다는 것을 알 수 있다. 왜냐하면 마태는 예수님의 족보를 요셉의 족보에 따라 기록했지만(다윗-솔로몬…요셉-예수) 누가는 요셉의 족보가 아닌 마리아의 족보를(다윗-나단…마리아-예수) 따라 기록했기 때문이다.

그렇다면 누가는 왜 예수님의 족보를 마리아의 족보에 따라 기록한 것일까? 그 이유는 누가가 생각하기에 예수님의 탄생은 성령의 역사로 이루어진 것이지 요셉의 혈통을 통해 태어나신 것이 아니기 때문임을 밝힌 것이다. 그리고 동정녀 마리아에게서 메시아가 태어나셨다는 것을 강조하기 위해서 마리아의 족보를 사용한 것이다. 물론 요셉은 마리아의 법적인 남편이었다. 그러기에 요셉은 예수님의 육신의 아버지로 기록되어 있다. 그러나 누가는 요셉이 예수님의 아버지가 아니라 성령으로 잉태되셨다는 것을 강조하기 위해 마리아의 족보를 사용한 것이다. 그래서 누가는 누가복음 3:23절에서 "예수께서 가르치심을 시작할 때에 삼십세쯤 되시니라 사람들이 아는대로는 요셉의 아들이니…." 그러면서 족보를 써올라 간다. 그러기에 마태의 족보와 다른것이다.[2]

---

2) 아담, 셋, 에노스, 가이난, 마할랄렐, 야렛, 에녹, 므두셀라, 레멕, 노아, 셈, 아박삿, 가이난, 살라, 헤버, 벨렉, 르우, 스룩, 나홀, 데라, 아브라함, 이삭, 야곱, 유다, 베레스, 헤스론, 아미나답, 나손, 살몬, 보아스, 오벳, 이새, 다윗, 나단, 맛다다, 멘나, 멜레아, 엘리아김, 요셉, 유다, 시므온, 레위, 맛닷, 요림, 엘리, 예수, 에르, 엘마담, 고삼, 앗디, 멜기, 네리, 스알디엘, 스룹바벨, 레사, 요아난, 요다, 요섹, 서머인, 맛디디아, 마앗, 낙개, 에슬리, 나훔, 아모스, 맛다디아, 요셉, 얀나, 멜기, 레위, 맛닷, 헬리, 마리아, 예수.

예수님의 사역

예수님의 사적인 생애

예수님이 태어나시자 예루살렘에서는 큰 소동이 일어났었다. 헤롯이 새로운 왕이 태어났다는 소식을 동방박사들로부터 듣자 눈이 뒤집혀질 정도로 화가 났다. 헤롯은 수단과 방법을 가리지 않고 왕의 자리를 로마로부터 얻는 자이다. 그런데 새로운 왕이 태어났다는 소식은 자기의 왕권이 위태해질 것이라는 생각이 들었기 때문이다. 그래서 율법을 연구하는 자들을 불러서 메시아가 어디서 태어났는지 알아보았던 것이다. 그리고 동방박사들을 보내며 아기를 찾으면 자기에게도 알려주면 그 새 왕에게 경배하겠다고 거짓말을 했다. 그러나 동방박사들은 성령의 인도하심에 따라 다른 길로 돌아갔던 것이다. 나중에 헤롯은 박사들로부터 속았다는 것을 알고 난 후

2살 미만의 모든 아이들을 살육하는 끔찍한 일을 저지른다. 이 이야기 이후에는 잠시 동안 예수님의 이야기는 중단된다.

그리고 열두 살 때에 예수님이 부모님을 따라 예루살렘에 있는 성전을 방문하러 갔다가 예수님 혼자 그곳에 남아 그곳에 남아 그곳의 선생들과 말씀을 토론하는 일이 한번 더 일어난다. 그리고 30대쯤 될 때까지는 특별하게 활동하신 일에 대해서는 기록이 없다. 이 기간을 예수님의 '사적인 삶' 의 기간이라고 부른다. 그러나 30대가 되자 예수님은 세례요한에게 세례를 받으시러 가셨다. 그리고 그것을 시점으로 메시아의 공적인 삶을 시작하셨던 것이다.

예수님의 공적인 사역 시작

세례요한으로부터 세례를 받으신 후 예수님은 성령의 인도를 받아 광야로 나가셔서 40일 동안 금식하신 후에 마귀로부터 3번의 시험을 받으셨다(마4:1-11). 그리고 갈릴리 해변에서 베드로, 안드레, 야고보 요한을 제자로 부르시고(마4:18-21) 그들과 함께 가나의 혼인 잔치에 참여하셔서 그곳에서 물로 포도주를 만드시는 기적을 처음으로 일으키시므로 예수님이 어떤 분이신지 제자들에게 보여 주시고 하나님의 영광을 나타내셨으며(요2:1-11). 가버나움에 잠깐 내려 가셨다가 다시 예루살렘으로 올라가셨다.

첫 번째 유월절

예루살렘으로 올라가신 예수님은 성전을 청소하시는 일을 제일 먼저 하셨다. 예수님이 하셨던 사역의 지역을 나누어 보면 네 군데의 지역에서 활동하셨다는 것을 알 수 있다. 유대 지역, 갈릴리 지역, 사마리아 지역 그리고 이방 지역이다. 예수님께서는 갈릴리 지역에서 성장하셨다. 그러나 공적인 사역을 시작하시기 위해 유대 지역으로 가셨던 것이다. 그리고 예수님이 첫 번째 하셨던 일은 성전을 청소하시는 일이셨다. 하나님의 집은 기도하는 집이라고 성경은 기록했는데 당시에 성전은 그런 목적으로 쓰이지 못하고 있었다. 왜냐하면 대제사장이나 제사장들은 하나님을 잘 섬겨야 할 특별한 사명을 받은 자들이지만 그러한 역할을 제대로 감당하지 못했기 때문이다.

대제사장직은 영구직이다. 그러나 그 당시 대제사장들은 로마 정부에 의해 임명되었다. 그러므로 누가 로마 정부에 돈을 바치고 충성을 다짐하느냐에 따라 대제사장으로 임명이 되었다. 로마 정부에 잘못 보이면 금방 자격을 박탈당하여 교체 되는 일이 일어났다. 그러기에 대제사장직은 돈을 투자하여 얻었기에 자기가 투자한 돈보다 더 많은 돈을 벌기 위해서는 성전을 이용했던 것이다. 하나님께 제물을 드리러 오는 순진한 백성들을 이용해서 돈을 벌 계획을 짰다. 백성들이 직접 가지고 온 제물들은 하나님께 드리기에 온전하지 못하다고 하며 자기들이 파는 제사용품 동물을 사도록 하는 제도를 만들었던 것이다. 그래서 백성들은 아주 비싼 가격으로 제물을 사서 하나님께 드려야만 했다. 백성들로 하여금 하나님께 올바른 제사를 드릴 수 있도록 도와 주어야 할 종교 지도자들이 오히려 백성들의 등을 쳐서 폭리를 취하는 강도로 변했던 것이다. 이것을 아셨던 예수님은 성전 안에 들어가셔서 노끈으로 만든 채찍으로 소와 양과 비둘기를 파는 사람들과 돈 바꾸는 사람들을 내쫓으셨다. 그리고 "이것을 여기서 가져가라. 내 아버지의 집으로 장사하는 집을 만들지말라."(요2:16)고 하셨던 것이다.

예루살렘 사역

예수님은 성전청결을 하신 후에도 예루살렘에 약 8개월 동안 남으셔서 다양한 기적을 베푸시며 말씀을 전파하셨다. 그리고 예수님이 하나님의 아들이시며 메시야 되심을 전파하셨다. 이때 니고데모가 예수님을 찾아왔다. 그러나 그는 유대인의 지도자였지만 아직 영적으로 거듭난다는 복음의 메시지를 깨닫지 못하고 있었다(요3장).

예수님께서 사람들이 이제껏 볼 수 없었던 기적을 예루살렘에서 베푸시며 복음을 전파하시자 많은 사람들의 관심의 대상이 되었다. 그러므로 많은 사람들의 시선과 인기를 얻는 현상이 일어났다. 그래서 예수님은 종교 지도자들의 시기와 미움의 대상이 되었던 것이다. 왜냐하면 그 당시 백성들의 지지와 존경을 받고 있던 바리새인들이나 서기관들은 자기들의 인기가 백성들로부터 떠나 예수님에게로 옮겨지고 있다는 것을 느꼈기 때문이다. 그래서 예수님을 자기들의 경쟁의 대상으로 삼고 그때부터 예수님을 따라다니며 흠을 잡아 죽이려고 했던 것이다.

사마리아 지역의 사역

예수님은 약 8개월간의 예루살렘 사역을 마치시고 갈릴리 지역으로 사역지를 옮기셨다. 물론 종교 지도자들의 뜨거운 눈총을 피하시려는 목적도 있었지만 갈릴리지역에 복음을 전하시려는 계획을 세우신 것이다. 그런데 그 당시 유대 사람들은 갈릴리 지역으로 갈 때 사마리아 지역을 통과하는 것을 피하기 위해 멀리 다른 길을 선택해서 갔다. 왜냐하면 유대인들은 사마리아인들이 앗수르에 멸망 당한 후 이방 지역의 사람들과 혼혈했다는 이유로 그들을 개같이 취급을 하며 경멸하므로 상대도 해 주지 않았던 것이다. 그러나 예수님은 일부러 갈릴리 지역으로 가실 때 사마리아 지역을 통과 하시는 길을 선택하셨던 것이다.

예수님의 일행은 야곱의 우물이 있는 수가라 하는 사마리아 지역에 도착했다(요4장). 그때는 정오 쯤이라 제자들은 먹을 것을 구하러 동네로 들어갔다. 그런데 그 한낮의 뜨거운 햇빛을 받으며 물을 길러 나온 수가성 여인을 예수님은 만나 주셨다. 예수님은 그녀의 근본적인 문제가 무엇인지를 대화를 통해 하나씩 가르쳐 주셨다. 그리고 마지막으로 죄의 문제를 지적하시면서 그 여인이 기다리던 메시아가 바로 자신이라는 것을 밝혀 주셨다. 예수님이 누구신지 알고 난 그녀는 그곳에서 예수를 믿고 거듭나는 변화가 일어났다. 예수님을 통해 새롭게 변화된 그녀는 물동이를 내동댕이치고 자기를 멸시하던 동네 사람들을 향해 달려가서 그들에게 예수님을 증거했다. 그리고 그녀의 전도를 통해 많은 사마리아 사람들이 예수님을 믿게 되는 동기가 되었다. 사마리아 사람들이 예수님께 더 머물기를 구하자 그곳에서 이틀을 더 유하시면서 많은 사마리아 사람들을 구원하셨다. 이때가 예수님의 공생애 첫 번째 해인 12월 정도 되었을 때이다.

갈릴리 사역

예수님은 사마리아 전도를 마치시고 갈릴리 지역으로 가셨다. 이때는 예수님의 사역 첫해의 말기였을 때이다. 갈릴리 지역으로 오신 예수님은 왕의 신하를 살리시는 기적을 일으켜 주셨으며, 이 무렵 세례 요한은 헤롯에 의해 투옥이 된다. 그리고 이때 예수님은 자라나신 나사렛 동네의 사람들에 의해 배척을 받으셨다. 예수님이 자라나신 동네였지만 그들은 예수님을 믿지 못하고 배척하며 죽이려고 낭떠러지까지 끌고가는 일을 저질렀다. 예수님은 이때 사역을 더 활발하게 하시기 위해 가버나움이라는 곳으로 집을 옮기셨다.

예수님은 가버나움으로 거처를 옮기시자 곧바로 자기의 제자들에게 사역을 가르쳐서 전적으로 사역에만 전념할 수 있도록 제자로 부르셨다. 이제까지는 제자들이 예수님만 전적으로 따라 다니며 사역하는 전임 사역자들이 아니었다. 그러나 이제부터는 제자들이 자기들의 고기잡는 직업을 그만 두고 예수님만 전적으로 따르도록 하시기 위해 베드로, 안드레, 야고보, 그리고 요한을 제자로 부르셨다. 그리고 후에 세리인 마태도 제자로 부르셨다. 예수님은 제자들과 함께 귀신을 쫓아내시고 병을 고치는 본격적인 사역을 갈릴리에서 시작하셨다. 이때 예수님은 베드로의 장모가 열병으로 누워 있자 그녀를 고쳐 주셨다. 이러한 치유사역을 통하여 사람들의 마음에 예수님은 과연 누구신가? 라는 생각을 하도록 하셨다. 왜냐하면 이제껏 이런 일이 없었기 때문이다. 이때가 예수님의 갈릴리 사역 1년 말기였다.

예루살렘 사역

두 번째로 돌아오는 유월절에는 예수님이 잠간 예루살렘에 올라가셔서 머무셨다. 그리고 베데스다 연못 곁에 누워 있던 38년 된 병자를 고쳐 주셨다. 그런데 예수님이 그 병자를 고쳐 주신 날이 바로 안식일이었다. 그리고 예수님 자신이 하나님의 아들이시며, 하나님이 자신의 아버지라고 주장하는 것으로 인해 예수님은 유대인들에게 더 미움을 받게 되며 감시의 대상이 되었다(요5:1-18).

갈릴리 사역

예수님은 예루살렘에서 다시 갈릴리로 돌아오셨다. 그리고 이때 12 명을 정식으로 제자로 임명하시는 일을 하셨다. 전에는 그냥 제자들을 불러서 사역을 하도록 하셨지만 이제는 12 명을 정식으로 뽑아 예수님과 함께 사역에 동참하도록 하려는 계획이셨다. 그들에게 능력을 주셔서 귀신을 쫓아내도록 하시고 병든 자들을 고치며 복음을 전파하도록 하시려는 계획을 가지신 것이다.

여기서 우리가 알아야 할 것은 예수님의 12제자들은 예수님이 처음 공생애를 시작하실 때 곧바로 제자로 부르신 것이 아니다. 예수님이 공적인 사역을 시작하신지 약 1년이 지난 후에 정식으로 제자로 임명하신 것이다. 이 12명의 제자들을 통해 예수님은 세계 복음화를 실현시키시려는 꿈과 계획을 세우셨던 것이다. 예수님은 제자들을 임명하신 후 산상수훈을 선포하시므로 하나님이 원하시는 신앙인의 온전한 정신이 무엇인가를 가르쳐 주셨다(마10:1-15).

그리고 예수님은 가버나움으로 돌아오셨다. 그곳에서 백부장의 하인의 병을 고쳐주시고 나인성 과부의 죽었던 외아들을 살려 주셨다. 그리고 이 무렵에 세례 요한은 감옥에서 제자들을 보내어 예수님이 진짜 오실 메시아 이신지 알아 보기 위해 질문을 하였다. "오실 그이가 당신이오니이까 우리가 다른 이를 기다리오리까." 이 질문을 받은 예수님은 제자들에게 세례 요한을 칭찬해 주시며 바로 자신이 그 메시아라는 여러가지 증거를 말씀해 주셨다.

> "대답하여 가라사대 너희가 가서 보고 들은 것을 요한에게 고하되 소경이 보며 앉은뱅이가 걸으며 문둥이가 깨끗함을 받으며 귀머거리가 들으며 죽은 자가 살아나며 가난한 자에게 복음이 전파된다 하라"(눅7:22).

바리새인이 예수님을 자기 집에 초청하여 식사를 대접하는 가운데 그 동네의 죄인인 한 여인이 예수님께 와서 귀한 옥합을 깨뜨려서 예수님께 붓는 사건이 일어났다. 예수님은 그녀의 행함을 근거로 두 명의 빚진 자에 대한 비유를 들려 주셨다.

예수님께 귀신들려 벙어리 된 자를 데려오시자 예수님은 그를 고쳐 주셨다. 예수님이 이루시는 기적을 시기하는 바리새인들은 예수님이 귀신들려 그 힘으로 귀신을 좇아낸다고 모함을 했다. 예수님은 씨뿌리는 비유, 겨자씨의 비유, 누룩에 대한 비유, 가라지에 대한 비유, 땅에 감추인 보화에 대한 비유, 값진 진주에 대한 비유, 그물의 비유, 바다를 잠잠케 하시고, 가다라 지방에서 귀신들린 자를 치유해 주시고, 마태의 집에서 식사하시고, 혈루증 앓던 여인을 고쳐 주시고, 야이로의 딸을 살려 주시고, 소경과 귀신들려 벙어리 된자를 고쳐 주셨던 때가 바로 예수님이 공생애 2년 말기가 되는 때였다.

이방지역 사역

예수님은 3년 초기에 들어서면서도 계속 갈릴리에서 사역을 하셨다. 이때 쯤 되어 세례 요한은 헤롯에 의해 목베임을 당하게 된다. 예수님은 휴식을 취할 시간이 없을 정도로 군중들을 가르치셨으며 오병이어의 기적을 베푸셨다. 물위로 걸어가시고 폭풍을 잠잠케 하시므로 자연을 다스리시는 하나님의 아들의 능력을 보여 주셨다(막6장).

이 무렵 예수님은 갈릴리 지방을 떠나 서북쪽 해안에 있는 두로와 시돈 지방으로 가셨다. 이곳은 이방 사람들이 사는 지역이지만 그곳으로 가셨다. 그리고 그곳에서 수로보니게 여인의 믿음을 보시고 귀신들려 고통을 당하는 그녀의 딸을 고쳐 주셨다(마15:21-28). 또한 예수님은 데가볼리 지역에 가셔서 떡 일곱개와 물고기 두 마리로 굶주린 4,000명의 군중을

먹이시는 기적을 베푸시며 그들을 불쌍히 여기셨다(마15:32-39).

예수님께서 데가볼리에서 마가단 지역으로 배를 타고 건너가시자 그곳에는 바리새인들과 사두개인들이 기다리고 있었다. 그리고 예수님께 하늘로서 오는 표적을 구하며 시비를 걸었다. 예수님은 그들을 향해 "…악하고 음란한 세대가 표적을 구하나 선지자 요나의 표적 밖에는 보일 표적이 없느니라. 요나가 밤낮 사흘을 큰 물고기 뱃속에 있었던것 같이 인자도 밤낮 사흘을 땅속에 있으리라"(마12:39-40)고 하시며 한 마디로 예수님 자신이 하나님의 아들이요 죽으시고 3일 만에 부활하실 메시아이심을 함축해서 증거하셨다. 그리고 예수님은 벳세다에서 소경을 고쳐 주셨다.

가이샤라 빌립보 지방

예수님은 제자들을 데리고 가이샤라 빌립보 지방으로 가셨다. 그리고 거기에서 예수님은 제자들에게 두 가지의 질문을 하셨다. "사람들이 인자를 누구라 하느냐"(마16:13) 라는 질문과 "너희는 나를 누구라 하느냐"(마16:15) 는 질문이었다. 이 질문은 그 당시 제자들에게나 지금 우리가 사는 이 시대의 모든 사람들에게 가장 중요한 질문이기도 하다. 왜냐하면 예수가 누구신가를 반드시 알아야 하기 때문이다. 이때 베드로가 성령의 감동을 받아 "주는 그리스도시요 살아계신 하나님의 아들이시니이다"라고 대답하므로 예수님께 칭찬을 들었다(마16:13-20). 이 고백은 베드로 뿐만이 아니라 예수를 믿는 모든 자들이 고백해야 할 참된 신앙의 고백이다. 이 때는 예수님이 3년 차의 사역 중반기 9월경 쯤 되었을 때 일어난 일들이다.

변화산 사건

예수님은 베드로와 제자들에게 자신이 누구신지를 확인시키신 후 베드로와 요한, 그리고 야고보만 데리고 변화산으로 올라가셔서 영광의 몸으로 변화하셨다. 그리고 모세와 엘리야 선지자를 만나시면서 자신이 하나님의 아들이심을 증명해 보여 주셨다. 예수님은 변화산에서 내려오셔서 귀신들린 아이를 고쳐 주셨다. 그리고 이때부터 예수님은 자신이 십자가에 달려 고난 당하시고 죽으실 것을 제자들에게 서서히 말씀하시기 시작하셨다(눅9:28-36).

갈릴리로 돌아오심

예수님은 갈릴리로 돌아오시는 길에 제자들이 서로 싸우는 것을 목격하셨다. 제자들은 변화산에서 예수님이 영광을 받으시는 것을 목격하자 예수님이 곧 정권을 잡고 왕이 될 것 같은 느낌을 받았던 것이다. 그러자 서로 자신이 높은 자리를 차지 할 자격이 있다고 하며 다투기 시작한 것이다. 이때 예수님은 어린 아이 하나를 데려다 그들을 교육시키셨다. 첫째가 되고자 하는 사람은 뭇사람의 끝이 되어야 하며 다른 사람을 섬기는 자가 되어야 한다고 가르치셨다(막9:33-37).

그리고 갈릴리로 돌아오신 예수님은 대중들을 상대로 가르치시기 보다 제자들을 집중적으로 훈련하시는 일에 더 치중하셨다. 왜냐하면 예수님은 자신이 십자가에서 죽으시고 부활하신 후에 하늘 나라로 가셔야 하기 때문이다. 예수님은 자신이 승천하신 후에도 제자들이 남겨 두신 사역을 이어갈 수 있도록 준비시켜야 하셨기 때문이다. 그래서 양 한 마리를 찾아 헤매는 목자의 심정, 형제가 죄를 지었을 때 얼마나 용서를 해야 하는지, 일만 달란트를 탕감 받은 무자비한 종의 예를 통해 용서를 가르쳐 주셨다.

갈릴리를 떠나 예루살렘으로 가심

이때는 예수님의 공생애 기간이 약 6개월 정도 남은 초막절인 10월 경이었다. 예수님은 갈릴리를 떠나 예루살렘을 향해 올라 가시고자 결정하셨다. 이제 이곳을 떠나시면 인간의 몸을 입고는 다시 돌아오지 못한다는 것을 아셨다. 예수님의 형제들은 사람들에게 나타내기를 원하는 사람이 시골에 머물러 있느냐고 하면서 예수님에게 예루살렘으로 올라가라고 빈정댔다. 그리고 그들은 예수님 보다 며칠 앞서서 예루살렘으로 올라간 상태였다. 그 후에 예수님은 예루살렘으로 올라 가시면서 사마리아 지방을 통과하셨다. 그런데 이때 사마리아 사람들은 예수님을 환영하지 않았다. 왜냐하면 예수님이 예루살렘으로 올라가신다는 것을 알았기 때문이다. 자기들을 환영하지 않는 것에 화가 난 요한이 불을 내려 다 태워 버리자고 예수님께 제안했던 사건이 바로 이때 일어난 일이다 (눅9:49-56).

초막절에 가르치심

예수님은 지난 유월절에는 예루살렘에 올라가지 않으셨다.

그런데 이번 초막절에는 예루살렘에 오신 것이다. 두 번째 유월절 때도 예루살렘에 올라가서서 38년 된 병자를 고치시며 종교지도자들의 신경을 긴장시켰었다. 그런데 또 다시 젊은 예수라는 청년이 예루살렘에 나타난 것이다. 그래서 예루살렘에 있는 모든 종교 지도자들은 초긴장이 된것이다. 이러한 분위기에 있었지만 예수님은 초막절이 끝나갈 무렵에 그들을 향해 이렇게 외치셨다.

"누구든지 목마르거든 내게로 와서 마시라 나를 믿는 자는 성경에 이름과 같이 그 배에서 생수의 강이 흘러나리라" (요7:37-39).

죄로 인해 영적으로 목말라 하는 자들은 누구든지 예수님께 나아와 그를 구원자로 믿게 되면 성령 하나님이 그 믿는 자들의 영혼 속에서 역사하시므로 끊이지 않는 생수를 공급해 주시기에 만족하며 살 수 있을 것이라는 말씀이다. 예수님을 믿게 되면 그 분이 주시는 생명으로 인해 다시는 목마름이 없이 만족하며 살 수 있다는 메시지이다. 이 설교를 통해 예수님은 예루살렘에서 자신이 누구신가를 모든 사람들 앞에서 당당하게 그리고 분명하게 공포를 하셨던 것이다.

현장에서 간음하다 잡혀온 여인을 통하여 예수님을 함정에 빠뜨리려던 사람들의 음모를 "죄없는 자가 먼저 돌로 치라"는 말씀을 하시므로 그들이 아무말도 하지 못하고 돌아가도록 하셨다(요8:1-11). 또한 어떤 율법사가 예수님을 시험하려고 하는 질문에 대해 예수님은 선한 사마리인의 이야기를 들려 주셨다(눅10:25-37). 그리고 제자들과 함께 마르다와 마리아의 집을 방문하셨다(눅10:38-42). 얼마 전에 70명의 전도인들을 파송했는데 그들이 돌아와서 예수님께 보고를 한다(눅10:17-24). 그리고 선한 목자의 비유를 말씀해 주셨다(요10:1-16). 이때가 3년 차 11월 경이다. 그리고 예수님은 날 때부터 소경된 자를 실로암으로 보내시므로 그의 눈을 치료해 주신다(요9:1-41). 눈을 뜬 그는 바리새인들 앞에서 당당하게 예수님이 하나님으로부터 오신 분이라는 것을 증거했다.

수전절 설교(요10:22-24)

수전절은 12월25일로서 이스라엘 백성들이 성전을 청결케 하던 날로 기념하는 날이다. 유다 마카비가 그 당시 이스라엘 땅을 다스리던 시리아 왕 셀루코우스의 안티오커스 4세로부터 독립을 선언한 날이다. 안티오커스는 유대인들을 아주 심하게 모욕을 주고 괴롭혔다. 그래서 그로부터 독립을 하므로 더럽혀졌던 성전을 청결케 하고 하나님께 감사하며 지키던 명절이다. 오늘날 유대인들이 하누카로 지키고 있다. 이때 예수님은 양과 목자에 대한 설교를 하셨다. 삯꾼 목자는 양을 버리고 도망 가지만 진정한 목자는 양을 위해 기꺼이 목숨을 버린다고 하셨다. 예수님은 자신이 목숨을 버리는 것은 하나님께서 맡겨주신 양떼를 위하는 것이며 자신만이 진정한 양의 목자이심을 설교하셨다(요10:1-18). 이때가 십자가에 달리시기 약 3개월 정도 남은 때이다.

나사로를 살리심(요11장)

예수님은 죽었던 나사로를 살리셨다. 죽은지 나흘이 되어서 썩는 냄새가 나는 시체를 향해 "나사로야 나오너라!"고 외치실 때 나사로는 무덤에서 베로 동인체로 걸어나왔다. 예수님이 죽은 나사로를 살리신 때는 십자가에 달리시기 약 3개월 전이었다. 이 기적은 매우 의미있는 사건이다. 왜냐하면 생명을 주관하시는 예수님이심을 증거해 주는 사건이기 때문이다. 나사로를 살리신 이 사건은 예수님이 생명을 주관하시는 분이라는 것을 직접 실물로 보여 주셨던 사건이다. 비록 예수님이 십자가에서 죽으실지라도 죽음에서 다시 살아나실 수 있는 분임을 군중들에게 미리 예고해 주시는 기적이다. 예수님께서 나사로를 죽음에서 살리시는 기적을 통해 신성의 능력을 점점 더 나타내 보여 주시자 유대에 있는 지도자들은 예수님을 몹시 못마땅하게 생각했다. 그래서 예수님을 죽이려고 기회를 찾기 시작했다. 그래서 예수님은 유대 지역에서 더 활동하실 수가 없으셔서 이방 지역으로 가셔서 그곳에서 조용히 전도를 하셨던 것이다.

유대와 이방지역에서의 마지막 몇 개월 사역(막10:1)

예수님은 이미 70명의 제자들을 다양한 지역에 파송하시므로 전도할 수 있는 길을 닦아 놓은 상태였다. 이곳에서 예수님은 18년 동안이나 등이 꼬부라진 여인을 고쳐 주셨으며 고창병 환자를 고쳐 주셨다. 그리고 잃은 양의 비유, 잃은 동전의 비유, 그리고 탕자의 비유를 통해 하나님의 사랑에 대해 가르쳐 주셨다. 그리고 포도원과 품군에 대한 비유로 설교를 하셨다. 그리고 지혜로운 자로 살라고 하시며 불의한 청지기의 비유를 통해 도전을 주셨다. 예수님을 찾아온 부자 청년에게 영생 얻는 길을 제시해 주셨지만 그는 부자이므로 근심하며 그냥 돌아갔다. 또한 부자와 나사로의 비유를 들려 주시므로 현재 살아가는 삶의 모습이 얼마나 중요한지에 대해 가르쳐 주셨다. 예수님은 이방지역에서 사역하시면서 다양한 비유와 가르침을 주셨는데 죄인들이 주님께 돌아오기를 간절히 바라는 마음으로 선포하셨다. 그리고 예루살렘으로 돌아오시는 길에 요한과 야고보의 어머니가 자기의 아들들을 하나는 우편에 그리고 다른 하나는 좌편에 앉게 해 달라고 부탁하는 일이 일어났다(막10:35-45).

삭개오를 만남(눅 19:1-10)

예수님은 몇 개월 동안의 이방지역의 사역을 마치시고 예루살렘으로 들어오시는 길이었다. 예루살렘으로 가시려면 여리고를 지나야 했다. 그곳으로 들어가시면서 예수님은 나면서부터 소경되었던 바디메오를 만나시고 그의 눈을 뜨게 해 주셨다. 그리고 여리고로 들어가시면서 세리장인 삭개오를 만나 주셨다. 삭개오는 예수님과의 만남을 통해 완전히 새 사람으로 변화되었다. 그의 삶에서 갈등하고 고민하던 인생의 모든 문제가 예수님을 만남으로 모두 해결된 것이다. 그리고 삭개오는 자기의 과거의 모든 삶을 청산하고 예수님이 원하시는 모습으로 살고자 결단내렸다. 그리고 예루살렘에 가까이 오게 되자 당장 하나님의 나라가 나타날 것으로 생각하는 무리들이 많다는 것을 예수님은 아시고 열므나의 비유를 가르쳐 주셨다. 그리고 예수님이 왕 되심을 원치 않는 자들은 반드시 심판 받게 될 것에 대해 말씀해 주셨다.

예수님은 토요일 날 예루살렘으로 들어오시면서 베다니라는 곳에서 주무셨다. 베다니에는 예수님이 사랑하는 나사로와 마르다, 그리고 마리아가 살고 있었다. 예수님은 몇 개월 전에 죽은 나사로를 살려 주시므로 유대인들의 감시의 눈총을 받는 어려움에 처했었는데 이제 다시 그곳으로 돌아오신 것이다. 이때 마리아는 예수님을 극진하게 섬겼다. 자기가 아끼던 옥합을 깨뜨려 예수님의 발에 붓고 머리로 발을 씻는 일을 했다. 이때 예수님은 마리아가 하는 일에 반대하는 제자들에게 자신의 장사를 위해 붓는 것이라고 하시며 마리아의 행위를 칭찬해 주셨다.

예수님의 고난의 1주간

일요일-예루살렘 입성

예수님은 제자들 중 두 사람을 부르셔서 건너편 마을에 매어 있는 나귀 새끼를 끌어 오라고 시키셨다. 그리고 예수님은 그 나귀 새끼를 타시고 예루살렘으로 입성하셨다. 나귀 새끼를 타시고 입성하실 것이라는 것은 이미 성경에 예언이 되어 있다(슥9:9). 그리고 나귀 새끼를 타신다는 것은 예수님이 겸손한 왕으로서 백성들을 위해 죽으러 오셨다는 것을 나타내는 것이다. 그리고 죽으신 지 삼 일 만에 예수님은 부활하시므로 승리의 왕이심을 나타내 보여 주시는 것이다. 세상 임금들은 죽이고, 빼앗고, 취하므로 자신들이 대단한 사람이고 멋지다는 것을 자랑하며 우쭐대지만 예수님은 오히려 자신의 목숨을 많은 사람들의 대속물로 내어 주시려고 오신 어린 양이시다.

월요일-성전을 청결케 하심

예수님은 제자들과 월요일 아침 일찍 예루살렘으로 들어가
셨다. 그런데 배가 고프서서 무엇인가 먹을 것을 찾으시다가
무화과 나무가 있는 것을 발견하시고 무엇을 얻을까 하여 가
셨지만 무성한 잎만 있을 뿐 무화과 열매는 하나도 없었다.
그러므로 예수님은 그 무화과 나무를 저주하셨다. 그러자 그
즉시로 그 나무는 말라 죽었다(마21:18-19). 이 무화과 나무
를 저주하신 교훈의 목적은 아무런 열매도 맺지 못하고 그저
화려한 종교인의 모습만을 가진 신앙인들을 하나님이 기뻐
하지 않으신다는 뜻이다. 그 당시 유대인들의 모습이 바로 그
런 종교적인 모습만 화려 했던 것이다.

예수님은 성전으로 가서서 성전 안에서 매매하는 자들을
다 내어 좇으시고 돈 바꾸는 자들과 비둘기 파는 자들의 상을
다 엎으셨다. 그리고 성전 안으로 물건을 가지고 다니는 것을
허락하지 않으셨다(막11:15-17). 예수님이 공생애를 처음 시
작하시면서 제일 먼저 하셨던 일도 성전을 깨끗하게 청소하
는 일이었다. 그리고 마지막으로 십자가에 달리시기 바로 전

에도 예수님이 하신 일은 성전을 깨끗하게 청소하시는 일이었다. 예수님이 이렇게 하신 이유는 겉으로 형식적인 신앙의 모습은 화려하지만 하나님이 원하시는 진정한 믿음의 열매는 전혀 맺지 못하는 자들을 하나님이 기뻐하지 않으신다는 것을 가르쳐 주시는 중요한 메시지를 담고 있다. 그리고 그날 저녁 때 예수님은 성밖으로 나가셨다.

화요일과 수요일-종교지도자들과의 마찰

예수님께서 월요일 날 성전을 청소하며 종교지도자들이 하는 일에 직접적으로 도전을 주는 행동을 하시자 종교지도자들은 몹시 화가 났다. 그래서 그들은 예수님께 따진다. 누가 그런 일을 하도록 권세를 주었느냐는 것이다(마21:23-27). 그런 일을 할 수 있도록 하는 모든 권한은 자기들이 가지고 있는데 어떻게 예수라는 청년이 자기들의 허락도 없이 그런 일을 마음대로 할 수 있느냐고 따졌던 것이다. 그래서 그들이 예수님을 제압하기 위해서는 누구의 권세가 높으냐를 따지는 것이 가장 좋은 방법이었던 것이다. 그러나 예수님은 먼저 그들에게 요한의 세례가 어디로서 왔는지 대답하라고 질문하시므로 그들의 입을 막으셨다.

그리고 계속해서 마 21:28-25:46에 기록된 대로 두 아들의 비유, 악한 소작인들의 비유, 대환란의 예언, 징조와 장래의 일들에 대한 말씀, 열 처녀의 비유, 달란트의 비유, 심판날에 대한 말씀, 등등…. 예수님은 바쁘게 말씀을 가르치시고 또한 장래의 일들을 예언하셨다.

이날 가룟 유다는 유대인들의 지도자인 대제사장들을 찾아 갔다. 그리고 예수님을 넘겨 주면 자기에게 얼마나 줄 것인지 흥정을 했다. 그리고 은 30으로 흥정을 마치자 그는 예수님을 넘겨 줄 음모를 짜기 시작했다.

목요일

예수님은 제자들을 시켜 마지막 유월절 만찬을 준비하도록 하셨다. 예수님은 만찬 자리에서 가룟 유다가 자신을 팔 것이 라고 지적하시며 그에게 회개할 기회를 주셨다(마26:21-25). 그러나 그는 뻔뻔스럽게 끝까지 자신을 속이고 예수님을 팔 아 넘길 음모를 버리지 않았다.

예수님은 마지막 성만찬을 제자들과 나누실 때 떡을 떼어 나누어 주시며 이것은 예수님의 몸이라고 하셨으며 잔은 죄 사함을 얻게 하시는 예수님의 피라고 말씀하셨다. 주님 오실 때까지 성만찬을 행하여 예수님의 죽음을 기념하라고 명령하셨다(눅22:19-20). 그리고 유명한 요한복음 17장의 대제사장의 기도를 마치셨다. 그리고 겟세마네 동산으로 가셔서 그곳에서 고뇌의 기도를 하셨다.

"내 원대로 마옵시고 아버지의 원대로 되기를 원하나이다"(눅22:42). 예수님은 고난의 잔을 마시기가 한편으로는 두렵고 고통스러우셨다. 그래서 할 수만 있으면 이 잔을 내게서 피해가게 해 달라고 겟세마네 동산에서 간절히 기도하셨다. 그러나 인류의 죄를 대속하셔야 할 그 사명을 생각하시고 십자가를 지실 것을 결심하셨던 것이다. 그러기에 내 뜻대로 마옵시고 아버지의 뜻대로 되게 해 달라고 기도하셨던 것이다.

예수님의 간절한 고뇌의 기도가 3번 끝나자 가룟 유다는 대제사장들이 보낸 군인들과 함께 예수님을 팔려고 나타났다. 유다의 마음은 마귀의 간악한 마음을 품고 예수님을 팔려는 흉계를 꾸미고 있었지만 얼굴은 천사의 얼굴을 하면서 예수님께 입을 맞추었다. 그의 입맞춤은 군인들로 하여금 예수님이 누구인가를 알려 주는 신호였던 것이다(시41:9; 눅22:47-48). 그래서 그날 저녁 예수님은 유다의 배반과 제사장들의 음모로 잡히셨다. 그리고 안나스에 의해 밤새 불법 철야 심문을 당하셨다. 그 당시 가야바가 대제사장이었고 안나스는 가야바의 장인으로서 퇴직한 대제사장이었다. 그러나 안나스는 가야바의 뒤에서 자기의 세력을 행사했다. 공의회를 소집하려면 70인이 모여야 한다. 그런데 그는 공의회를 소집하지 않고 자기가 원하는 사람들만 불러다 놓고 거짓 증인을 내세워 예수님께 죄를 뒤집어 씌워 죽이려는 음모를 짰던 것이다.

금요일

예수님은 목요일날 밤에 겟세마네 동산에서 잡히신 후 금요일 새벽까지 대제사장들 앞에서 심문을 받으셨다. 이때 베드로가 3번 씩이나 대제사장의 종들에게 예수님을 모른다고 부인하는 사건이 일어났다(눅22:54-62).

대제사장들은 예수님의 허물을 찾아 죽이려 했지만 그들의 거짓 증거가 합해지지 않았다. 그러자 예수님이 자신이 메시야 이심을 당당하게 말씀하시는 것을 트집잡아 신을 모독했다는 죄목으로 죽이려는 조서를 꾸몄다(마26:64-68). 그리고 곧장 이른 새벽에 사형권이 있는 빌라도의 손을 빌려 죽이려고 빌라도의 법정으로 예수님을 데리고 간것이다(마27:1-2). 이때 빌라도는 아무리 예수님을 심문해 봐도 예수님으로부터 잘못을 찾지 못했다. 그래서 그는 3번 씩이나 무리들 앞에서 예수님이 죄가 없다는 것을 시인하며 공포를 했다. 또한 빌라도는 이 골치 아픈 판정을 헤롯에게 넘기려고 그에게 보내기도 했지만 그의 시도는 실패로 끝나므로 빌라도는 유대인들의 꾀에 넘어가 자기 손으로 예수님에게 사형선고를 내리고 말았다(눅23:14, 15, 22).

하나님은 빌라도의 아내를 통하여 그가 하려는 죄악된 결정을 막으시려고 기회를 주셨다(마27:19). 그러나 빌라도는 자신의 권력에 손해가 올 까봐 죄없는 예수를 죽이는 쪽으로 손을 들어서 유대인들의 편을 들어 준 것이다. 빌라도는 자기가 사형 선고를 내리고는 그것이 두려워지자 손을 씻으며 자기에게는 아무런 죄가 없다고 말했다. 그러나 지금까지도 성경과 사도신경을 통해 빌라도가 예수님을 죽인자로 고백되고 있다는 사실은 그가 예수님을 죽이는 일에 가담했다는 증거이다.

예수님은 불법에 의해 사형선고를 받으시고 군인들에게 조롱을 받으셨다. 그리고 십자가를 지시고 골고다로 올라가셨다. 십자가에서 고통당하시는 예수님께 쓸개탄 포도주를 군병들이 드렸지만 예수님은 그것을 마시지 않으셨다(마27:34). 우리의 죄악을 위해 모든 고통을 자신의 몸으로 다 느끼시기를 원하셨던 것이다.

낮 열두 시쯤 되었을 때 온땅에 어두움이 임하여 3시까지

지속되었다. 3시쯤 되었을 때 예수님은 큰 소리로 "엘리 엘리 라마 사막다니"라고 외치셨다. 이 말은 "하나님 하나님 어찌 하여 나를 버리셨나이까"라는 뜻이다. 영원 전부터 함께 하셨던 성부 하나님으로부터 인간들의 죄로 인해 아들이 아버지로부터 버림 받는 순간이다(시22:1; 마27:45-46). 태초부터 하나님과 늘 함께 하기만 하셨던 독생자로서는 견디기 무척 힘든 일이었다. 그러나 예수님은 그러한 고통을 인간들을 구원하시려는 단 한 가지의 목적 때문에 모두 감당하셨던 것이다.

그리고 예수님은 운명하셨다. 예수님이 운명하실 때 성전 안에 있던 휘장이 위로부터 아래로 찢어지는 사건이 일어났다(마27:50-51). 이 휘장은 지성소와 성소를 나누어 놓는 것이었다. 예수님은 이 세상에 어린 양으로 오셔서 죄인들을 위해 제물로 받쳐진 것이다. 단 한 번의 제물로 영원한 제사를 드리신 것이다. 그러기에 이제 더 이상 동물의 제물을 드려 죄사함을 받는 제사가 필요 없게 되었으며 이제 대제사장만 들어갈 수 있었던 지성소나 제사장만이 들어가서 하나님을 섬기던 성소가 필요 없게 된 것이다. 이제 예수 그리스도의 이름을 통해 누구든지 성전에 들어가 하나님을 만날 수 있는 길을 예수님이 죄인들을 위해 열어 놓으신 것이다.

예수님을 십자가에 못박은 유대인들은 안식일인 다음 날 시체를 나무에 달아 놓기를 원치 않았다. 그래서 그들은 빌라도에게 시체를 치워 달라고 요청했다. 이때 아리마대 요셉이라는 공회원이 빌라도에게 찾아가서 예수님의 시체를 달라고 했다. 그리고 자신을 위해 준비해 놓았던 무덤에 예수님을 장사 지냈다(마27:57-60). 이때 니고데모라는 사람도 같이 몰약을 사다가 함께 장사를 지냈다(요19:39). 니고데모는 예수님이 처음 예루살렘에서 사역을 시작하실 때 밤에 찾아왔던 사람이다(요3:1-15). 그는 그때 거듭남이 무엇인지 몰랐던 사람이었지만 이제 그는 예수님을 메시야로 믿는 예수님의 제자가 되었던 것이다. 이렇게 예수님은 3년 동안의 공생애를 모두 다 마치시고 십자가에서 온 인류의 죄를 위해 죽으시고 모든 것을 다 이루셨던 것이다.

일요일-예수님의 부활

안식일 다음 날인 주일 날 막달라 마리아와 다른 여인들이 향품을 가지고 예수님의 시체에 바르려고 무덤을 찾아갔다. 그러나 예수님은 이미 부활하신 후였다. 예수님은 창세기 3:15절에 약속하신 여자의 후손으로 오신 분이시다(갈4:4-5). 그는 인류의 죄를 위해 죽으시고 부활하셔서 믿는 모든 자들에게 생명을 주시고자 오셨다. 그러기에 그는 죽음에 갇혀 있을 수 없는 분이시다(시16:10; 49:15). 예수님은 죄가 없으신 하나님이시다. 생명을 가진 하나님만이 생명을 나눠 줄 수 있다. 예수님은 부활하심으로 자신이 하나님의 아들이심을 증명해 보여 주셨다(롬1:4).

에덴 동산에서 먹지 말라는 선악과를 따먹고 죄를 지으므로 사망의 독을 마시고 죽었던 자들이 이제 예수가 주시는 새로운 생명의 약을 받아 먹을 때에만 다시 살아나게 되는 기적이 일어난다. 아담은 하나님의 말씀에 불순종하므로 죄를 지으므로 온 인류를 죽음으로 몰아갔다. 그러나 예수님은 하나님의 말씀에 순종하시므로 모든 믿는 자들에게 영원한 생명을 안겨 주셨다.

예수님은 막달라 마리아에게 제일 먼저 부활하신 모습을 보여 주셨다. 막달라 마리아는 예수님의 부활하신 모습을 보자 기쁜 마음으로 제자들에게 달려가 예수님의 부활의 소식을 전했다. 예수님은 베드로에게 나타나시고 엠마오로 가는 두 제자에게도 나타나셔서 깨우쳐 주셨다(눅24:13-35). 그리고 도마를 제외한 나머지 제자들에게 나타나셨으며, 그 후에는 도마가 있을 때 나타나 그의 믿음 없음을 꾸짖으셨다. "너는 나를 본 고로 믿느냐 보지 못하고 믿는 자들은 복되도다" (요20:29)고 하셨다. 또한 예수님은 죽으시기 전에 자신이 부활하실 것을 말씀하시고 갈릴리에서 만나자고 약속을 하셨다. 그리고 부활하신 후에 갈릴리로 가서서 제자들을 만나 주셨다.

베드로를 비롯한 몇몇 제자들은 디베랴 호수로 물고기를 잡으러 갔지만 밤새도록 한 마리도 잡지 못한 제자들에게 예수님은 나타나셔서 153 마리의 물고기를 잡도록 기적을 베풀어 주셨다(요21:11). 그리고 베드로에게 "네가 이 사람들보다 나를 더 사랑하느냐?"라는 질문을 세 번씩이나 하시므로 예수님을 세 번이나 모른다고 부인했던 베드로의 허물을 회복시켜 주시고 베드로에게 또다시 한번 사명을 맡겨 주시는 사랑의 주님이시다(요21:15-17).

그리고 예수님은 야고보에게도 나타나 보여 주시고 오백여 성도들에게 동시에 보여 주시므로 예수님의 부활을 더 이상 부인하지 못하도록 하셨다. 그리고 예수님은 부활 후 40일 동안의 지상 사역을 다 마치시고 하늘 나라로 돌아가셨다. 그리고 가신 그 모습대로 다시 오시겠다는 약속을 남겨 주셨다(행 1:4-11).

예수님의 부활은 사실

　　예수님의 부활은 부정할 수 없는 사실이다. 그것은 첫째, 이사야 선지자를 비롯하여 수많은 구약의 선지자들이 예수님에 대해 예언해 놓았기 때문이다. 미가 선지자는 예수님이 베들레헴에서 태어나실 장소까지 예언을 해 두었다(미5:2). 그리고 예수님이 오셔서 어떤 사역을 하시다 어떻게 고난을 당하시고 죽으실 것인가도 이사야 선지자를 통해 예언이 되어 있다(사53장). 그러기에 예수님이 오신 것은 우연이 아니며 예수님이 죽으신 것도 우연이 아니다. 이것은 하나님께서 이미 온 인류의 죄를 위해 예언해 놓으신 대로 성경을 이루시기 위해 오신 분이시다.

　　시편16:8-11절에서는 예수님께서 메시아로서 죽으시고 죽음에 그대로 머물러 계시지 않고 부활하실 것을 예언해 놓았다. 그 외에도 많은 구약 성경에서 예수님에 대해 미리 예언을 해 주셨다. 또한 사도 바울은 로마서 1:2-4절에서, "이 복음은 하나님이 선지자들로 말미암아 그의 아들에 관하여 성경에 미리 약속하신 것이라 이 아들로 말하면 육신으로는 다윗의 혈통에서 나셨고 성결의 영으로는 죽은 가운데서 부활하여 능력으로 하나님의 아들로 인정되셨으니 곧 우리 주 예수 그리스도시니라"고 증거를 하고 있다.

둘째, 예수님은 자신이 죽으시기 전에 이미 부활하실 것을 예언하셨다. 그리고 그 예언하신 대로 죽으시고 부활하신 것이다. "이때로부터 예수 그리스도께서 자기가 예루살렘에 올라가 장로들과 대제사장들과 서기관들에게 많은 고난을 받고 죽임을 당하고 제 삼일에 살아나야 할 것을 제자들에게 비로소 가르치시니"(마16:21).

셋째, 예수님의 빈 무덤은 예수님이 부활하셨다는 것을 증거한다(마28:1-10). 예수님이 죽으시고 아리마대 요셉이 자기 무덤에 장사를 치루고 나자 유대 종교 지도자들은 겁이 났다. 왜냐하면 예수님이 살아 계실 때 죽으시고 3일 만에 부활 하실 것이라는 말씀을 그들도 들었기 때문이다. 그래서 빌라도에게 요청해서 빌라도의 이름으로 무덤을 인봉하게 했으며 군사들로 하여금 예수님의 무덤을 단단히 지키도록 명령했다(마27:62-66). 그러나 큰 지진이 일어났고 천사들이 하늘에서 내려와 무덤의 문에 막혔던 돌을 굴렸다. 이때 무덤을 지키던 군사들은 이 일로 인해 무서워 떨며 죽은 사람 같이 되었다고 했다. 예수님의 빈 무덤은 예수님이 부활하셨다는 것을 부정할 수 없는 엄연한 사실이 되었다.

넷째, 예수님이 부활하시고 곧장 하늘로 승천하셨다고 하면 사람들이 예수님의 부활을 믿기가 어려웠을지도 모른다. 그러나 예수님은 부활하시고 곧장 하늘 나라로 가시지 않고 40일 동안 지상에 머무시면서 수많은 사람들 앞에 나타나셔서 부활의 몸을 보여 주셨다. 막달라 마리아를 비롯하여 엠마오로 가는 두 제자, 베드로, 그리고 11 제자들에게도 나타나 보여 주셨으며 일시에 500여 성도들에게도 나타나 보여 주셨다(요20:24-29; 21:1-14; 마28:16-20; 고전15:6,17; 행1:4-11; 눅24:50). 그리고 제자들은 예수님과 함께 식사를 하시며 대화를 나누셨기에 그들은 예수님의 부활의 몸을 만지기도 했던 것이다(요1서1:1).

우리의 구원자가 되시는 예수 그리스도는 죽음에서 부활하시어 오늘도 살아계신다. 그리고 믿는 자들의 삶속에 역사하시며 생명을 주시고 또한 풍성한 삶을 살도록 인도해 주시고 계신다. 믿고 순종하며 따르는 모든 자들의 삶을 축복하시며 인생을 풍요롭게 하시고 계신다.

예수님의 승천과 재림의 약속

　예수님은 제자들을 선택하셔서 자기 뒤를 이어 복음을 전 세계에 전할 준비를 시키셨다. 이런 준비가 끝났을 때 예수님 은 온갖 고난을 다 당하시고 인류의 죄를 대신 지시고 십자가 에 못박혀 죽으셨다. 그리고 죽음에서 부활하시므로 자신의 의로움을 입증해 보여 주셨다. 그리고 주님은 부활하신 후에 자신의 부활을 확증해 주시고 제자들에게 복음 전파의 사명 을 맡기시고 하늘로 승천하셨다.

　예수님은 제자들을 향해 "오직 성령이 너희에게 임하시면 너희가 권능을 받고 예루살렘과 온 유대와 사마리아와 땅끝 까지 이르러 내 증인이 되리라"(행1:8)고 말씀 하신 후 구름 을 타시고 하늘 나라로 돌아가셨다. 이때 제자들은 하늘로 올 라가신 예수님이 보이지 않을 때까지 바라보고 아쉬워 하고 있었다. 이때 천사가 그들에게 이렇게 말했다. "…너희 가운

데서 하늘로 올리우신 이 예수는 하늘로 가심을 본 그대로 오
시리라"(행1:11). 예수님은 이 세상을 떠나서서 하늘 나라의
보좌로 다시 돌아가셨다. 지금은 하나님의 우편에 앉으셔서
심판주로 오시고자 준비하고 계신다. 하나님의 우편에 앉아
계신다는 말의 뜻은 모든 권세와 능력을 예수님께서 다 위임
받으셨다는 말씀이다. 하나님은 예수님에게 하늘과 땅의 모
든 권세를 주셨다(마28:19). 왜냐하면 예수님은 하나님의 본
체이시지만 아버지의 말씀에 순종하여 자신을 비우고 인간
의 몸으로 이 땅에 오셨다. 그리고 죽기까지 순종하셨다. 그
러므로 하나님은 그의 이름을 높여 하늘에서나 땅에서나 땅
아래 있는 모든 자들로 하여금 그의 이름 앞에 무릎을 꿇도록
하셨다(빌2:6-11). 그리고 하나님은 모든 심판의 권한도 예수
님에게 맡기셨다.

예수님의 지상명령

  "예수께서 나아와 일러 가라사대 하늘과 땅의 모든 권세
  를 내게 주셨으니 그러므로 너희는 가서 모든 족속으로 제
  자를 삼아 아버지와 아들과 성령의 이름으로 세례를 주고
  내가 너희에게 분부한 모든 것을 가르쳐 지키게 하라 볼찌

어다 내가 세상 끝날까지 너희와 항상 함께 있으리라"(마 28:18-20).

예수님은 하늘 나라로 돌아가실 때 제자들에게 땅끝까지 복음을 전하라는 지상명령을 주셨다. 이 명령은 성도들이 행해도 되고 안해도 되는 일이 아니라 반드시 수행해야 할 과제이다. 이 일을 위해서 예수님은 3년 동안 제자들을 데리고 다니시며 예수님이 하시는 사역을 직접 보여 주시며 훈련을 시켜 주셨던 것이다.

사도 바울은 이 사명을 확실히 알았기에 이런 고백을 하며 달려갈 수 있었던 것이다. "나의 달려갈 길과 주 예수께 받은 사명 곧 하나님의 은혜의 복음 증거하는 일을 마치려 함에는 나의 생명을 조금도 귀한 것으로 여기지 아니하노라"(행 20:24).

이것은 단지 사도 바울만이 행해야 할 사명이 아니라 모든 그리스도인들이 행해야 할 막중한 예수님의 지상 명령이다.

성령을 보내 주실 것을 약속하심

예수님께서 주신 지상명령을 완수하기 위해서는 사람의 능력이나 지식이나 지혜로는 불가능하다. 그러기에 예수님은 이 복음을 전파하는 일을 감당하도록 하기 위해서 성령 하나님을 보내 주시겠다는 약속을 해 주셨다(요14:16-18; 16:7).

성령 하나님은 삼위일체의 하나님 중에 제 3위격인 성령님이시다. 삼위일체란 한분 하나님이시지만 세 분이 별개의 인격체로 존재하신다. 그 세 분의 인격체를 성부와 성자와 성령 하나님이라고 부른다. 이것을 쉽게 설명한다면, 성부 하나님은 설계자와 같은 분이시다. 그리고 성자 예수님은 그 설계도를 가지고 직접 집을 지으신 분이시다. 그리고 성령 하나님은 다 지어 놓은 집에 들어가서 살 수 있도록 도와 주시는 분이시다. 이것을 다시 적용해 본다면, 성부 하나님은 구원 계획을 세우신 분이시다. 그리고 성자 예수님은 구원 계획을 직접 이 땅에 가지고 오셔서 십자가 위에서 죽으시므로 구원을 완성해 주신 분이시다. 그리고 성령 하나님은 성자 예수님이 이루어 놓으신 구원의 공로를 적용하여 죄인들로 하여금 예수님을 믿도록 하시므로 구원받도록 도와 주시는 분이시다. 그러기에 이 세 분의 역사로 인해 구원이 이루어지는 것이다.

성령 하나님의 역할이 마지막 때 구원 받는 자들에게는 아주 중요하다. 그러기에 "그러므로 내가 너희에게 이르노니 사람의 모든 죄와 훼방은 사하심을 얻되 성령을 훼방하는 것은 사하심을 얻지 못하겠고 또 누구든지 말로 인자를 거역하

면 사하심을 얻되 누구든지 말로 성령을 거역하면 이 세상과
오는 세상에도 사하심을 얻지 못하리라"(마 12:31-32).고 하
신 것이다.

죄인들이 용서 받고 구원 받기 위해서는 성령의 중재가 꼭
필요하다. 죄로 인해 죽은 영혼은 스스로의 힘으로는 다시 살
아날 수 없는 상태이기에 반드시 성령 하나님이 생명의 빛을
죄인들의 마음에 비추어 주실 때 자신이 죄인임을 깨달을 수
있게 되는 것이다. 그리고 자신이 죄인이라는 것을 깨달으면
자신을 그 죄에서 구원해 주실 분이 오직 예수 그리스도시라
는 것을 믿을 수 있도록 역사하시는 분이 바로 성령 하나님이
시다. 그러기에 그 성령의 역사하심을 무시한다면 절대 구원
받을 수 없는 것이다.

이러한 중요한 역할을 감당하실 성령 하나님을 보내 주시
겠다는 약속을 예수님은 공생애 사역을 하실 때 이미 약속해
주셨다.

"보혜사 곧 아버지께서 내 이름으로 보내실 성령 그가 너
희에게 모든 것을 가르치시고 내가 너희에게 말한 모든 것
을 생각나게 하시리라"(요14:26). "그러하나 내가 너희에게
실상을 말하노니 내가 떠나가는 것이 너희에게 유익이라
내가 떠나가지 아니하면 보혜사가 너희에게로 오시지 아니

할 것이요 가면 내가 그를 너희에게로 보내리니"(요 16:7).

그리고 예수님은 마지막으로 이 세상을 떠나시기 바로 전에 제자들에게 아버지께서 보내실 성령을 받기 전에는 예루살렘을 떠나지 말라고 말씀하셨다. 그리고 성령이 오시면 그들이 무엇을 해야 할지 가르쳐 주실 것이라고 하셨다. "오직 성령이 너희에게 임하시면 너희가 권능을 받고 예루살렘과 온 유대와 사마리아와 땅끝까지 이르러 내 증인이 되리라 하시니라"(행1:8).

예수님이 성령을 보내 주신 목적은 예수님이 이루어 주신 십자가의 공로를 힘입어 구원받도록 하려는 것이며, 아직 그 진리를 깨닫지 못해 구원받지 못하는 자들에게 복음을 전하도록 능력 주시려는 것이다. 그러기에 복음 전파는 성령의 역사라고 말해야 한다.

약속된 성령님이 오심

예수님은 부활하신 후 40일 동안 지상에서 제자들을 만나시며 마지막을 정리하시고 하늘나라로 가셨다. 제자들은 그때부터 한곳에 모여 예수님이 약속하신 성령을 기다리며 열심히 기도했다. 이때 그곳에 모인 성도들의 수는 약 120명 정도였다. 오순절날 그들이 열심히 기도를 할 때 홀연히 급하고 강한 바람 소리가 온 집안에 가득찼다. 그리고 불의 혀같은 모양 같이 생긴 것들이 보이고 각 사람 위에 임하였다. 그리고 성령의 충만함을 받고 성령이 말하게 하심에 따라 그들이 각자 다른 나라의 방언으로 말하기를 시작했다. 이게 바로 성령이 모든 믿는 자들에게 임하시는 첫 강림하심의 현장이다 (행2:1-4).

여기서 말하는 방언이란 그 당시 다른 나라에서 실제로 사용되어지던 언어였다. 여기에서 말하는 방언은 고린도전서 14장에서 나오는 은사의 방언과 혼동해서는 안된다. 성령님이 강림하실 때에 역사했던 방언은 분명 그 당시 다른 나라에서 소통할 때 사용하던 언어였다는 것이다. 그 사실을 사도행전2:8-11절에서 알 수 있다. 그 당시 오순절을 지내러 세계 각 나라에서 살던 유대인들이 예루살렘으로 몰려들었다. 그런데 성령께서 오순절날 120명의 성도들에게 각 나라의 말로 말하도록 하신 것이다. 이때 거기에 몰려 들었던 사람들은 120명의 성도들이 자기들이 사용하는 나라의 말로 말하는 것을 들었을 때 그들이 알아 들었던 것이다(행2:5-12).

특히 8절과 11절을 보면 이해 하기가 쉽다. "우리가 우리 각 사람의 난 곳 방언으로 듣게 되는 것이 어찜이뇨… 그레데

인과 아라비아인들이라 우리가 다 우리의 각 방언으로 하나
님의 큰 일을 말함을 듣는도다"(행2:8-11).

왜 하나님께서 오순절날 성령의 역사로 각 나라의 방언으
로 말하도록 하신 것일까? 또한 그들이 말한 내용이 무엇이었
을까? 창세기 11:1절을 보면, "온 땅의 구음이 하나이요 언어
가 하나이었더라"고 한다. 하나님은 그들이 쉽게 언어 소통이
되도록 온 인류가 동일한 한 언어를 사용하도록 하셨다. '언
어가 하나였다' 는 말은 천지창조 때에 주어진 단일 언어가 계
속 전승되어 왔다는 것을 의미한다. 한 언어를 사용했기에 그
들은 서로 의사소통이 편리 했기에 하나로 뭉치기가 쉬웠다.

그런데 문제가 생겼다. 하나님은 그들에게 흩어져 생육하
고 번성하여 땅에 충만하라고 명령하셨다. 그러나 그들은 하
나님의 말씀에 불순종하여 흩어지기를 원하지 않았다.

> "이에 그들이 동방으로 옮기다가 시날 평지를 만나 거기
> 거하고 서로 말하되 자, 벽돌을 만들어 견고히 굽자 하고
> 이에 벽돌로 돌을 대신하며 역청으로 진흙을 대신하고, 또
> 말하되 자, 성과 대를 쌓아 대꼭대기를 하늘에 닿게 하여
> 우리 이름을 내고 온 지면에 흩어짐을 면하자 하였더니"
> (창11:2-4).

그들은 하나님의 말씀대로 흩어져 세계에 충만하려 하지 않고 자기들끼리 총동원하여 바벨탑을 높이 쌓아 그곳에 머물러 있으므로 흩어지기를 원치 않았다. 그리고 자신들의 명예를 드러내기 위하여 벽돌과 역청으로 높은 탑을 쌓았다. 자신들의 기술을 총동원하여 흩어지지 않고 자신들의 이름을 나타내려는 교만에 빠지게 된 것이다. 이에 하나님은 언어를 혼잡하게 하시므로 그들이 서로 소통되지 않도록 하셨다. 그들은 서로 더 이상 말이 통하지 않게 되자 바벨탑도 쌓아 올리지 못하게 된것이다. 그리고 그들은 뿔뿔이 흩어져 강제로 해산이 되어 하나님의 명령대로 땅에 충만하게 된 것이다. 바벨탑 사건의 교만으로 인해 인간들은 온 땅으로 흩어지게 된 것이며 그로 인해 언어도 다양하게 만들어진 것이다. 그 당시 인간들은 하나님께 불순종하므로 언어가 혼잡하게 되어 서로 알아듣지 못하게 되었으며 하나님의 뜻도 깨닫지 못하게 된것이다. 죄로 인해 인간들의 교만과 욕망이 자리 잡게 되자 서로 반목하고 대립하며 분열되는 참상이 벌어진 것이다. 이게 바로 바벨탑이 이루어 놓은 결과였다.

그런데 오순절날 성령께서 임하신 것이다. 그러자 120명의 성도들의 입에서 방언이 터져 나왔다. 흩어졌던 언어가 이제 언어의 장벽을 뛰어 넘어 하나님과의 교제가 가능하도록 하는 하나님의 놀라운 은혜의 역사가 일어난 것이다. 언어의 장벽이 가로막고 있던 구원의 복음이 이제 성령의 역사로 모든 사람들에게 전파될 것이라는 기쁜 소식이 전해지는 순간이다(행2:11). 성령께서 120명의 성도들에게 각자 다른 나라의 언어로 말하도록 하셨다.

그런데 그들이 말한 메시지의 내용이 무엇이었을까? "…우리가 다 우리의 각 방언으로 하나님의 큰 일을 말함을 듣는도다." 사도행전 2:8-11절의 말씀으로 비추어 볼 때 그들이 각자의 언어로 전한 메시지의 내용은 이런 것이었을 것이다. '예수 그리스도는 구원자이십니다. 그 분은 하나님의 아들이시지만 죄인들을 구원하시기 위해서 육신의 몸을 입고 이 땅에 오셨습니다. 그리고 죄인들의 죄를 대속하기 위해 십자가에 달려 돌아가셨습니다. 그리고 죽으신 지 삼 일 만에 죽은 자들 가운데서 부활하셨습니다. 그리고 그 분은 이제 하늘나라로 돌아가셔서 모든 주권을 가지고 계신 분이십니다. 그 분만이 유일한 구원자이십니다. 그 분을 믿으세요.'

그러기에 그들이 메시지를 듣고 서로 말하길 "하나님의 큰 일을 말하는도다"라고 감탄했던 것이다. 하나님이 죄인인 인간들에게 하신 큰 일이 무엇인가? 죄인들을 향한 하나님의 사랑과 예수님의 구원 사역보다 더 큰 일은 없을 것이다.

이렇게 각 나라에서 모인 사람들이 한 자리에서 자기들의 모국어로 예수 그리스도가 구원자 되심을 선포하는 것을 듣게 된 것은 바벨탑 사건으로 흩어졌던 언어가 이제 하나가 되어 하나님의 인도하심이 있다는 사인(sign)인 것이다. 하나님은 오순절 성령강림을 통하여 모든 것을 하나로 모으시고 회복시키시는 역사를 시작하신 것이다. 이것은 인류가 복음을 통하여 구원 받을 수 있다는 것을 상징적으로 보여 주는 사건이다. 교만함에 빠져 바벨탑 사건으로 인해 언어가 흩어졌었지만 이제 성령의 역사로 언어의 장벽이 무너지고, 하나님과 인간들의 관계가 회복 되었으며, 그리고 예수 그리스도의 구원의 역사가 시작됨을 보여 주는 것이다.

복음이 전파되기 시작

예수님은 사도행전 1:8에서, "오직 성령이 너희에게 임하
시면 너희가 권능을 받고 예루살렘과 온 유대와 사마리아와
땅끝까지 이르러 내 증인이 되리라"고 말씀하셨다. 예수님은
성령 하나님을 보내 주시기로 약속하셨으며 그 성령 하나님
이 오시면 믿는 자들이 권능을 받아 예루살렘과 온 유대와 사
마리아와 땅끝까지 이르러 증인이 되라고 하셨다. 이 명령대
로 복음은 서서히 예루살렘을 뛰어 넘어 전 세계로 퍼져 나가
기 시작했다.

예루살렘에 복음이 전파

예루살렘은 오순절의 성령 강림을 기점으로 해서 복음이
전파되기 시작했다. 베드로가 성령에 감동되어 설교를 하자

하루에 삼천 명이나 예수를 믿고 제자가 되는 놀라운 일이 일어났다. 그리고 날마다 구원얻는 사람들이 더해졌다(행2:42, 46-47). 이러한 것을 기점으로 예루살렘에는 거대한 교회가 형성되었으며 이 교회가 앞으로 세워지는 교회들의 영적인 부분을 이끌어가는 머리역할을 하는 예루살렘 교회가 되었다.

교회의 성도들은 사도들의 가르침을 받으며 서로 교제를 나누었다. 그리고 기도하기에 힘쓰는 교회가 되었다. 그들은 마음을 같이 하여 성전에 모이기를 힘썼으며 하나님을 찬미하는데 열심을 내었다. 이럴 때 백성들에게 칭송을 받게 되었으며 좋은 소문이 나자 더 많은 사람들이 예수님을 믿게 되었다. 그래서 예루살렘에 복음이 전파된 것이다.

예수님은 베드로에게 복음 전할 열쇠를 맡기셨음

예수님은 마태복음 16:16절에서 베드로의 "주는 그리스도시요 살아계신 하나님의 아들이시나이다"라는 신앙고백을 들으시고 그에게 이렇게 말씀하셨다. "내가 천국 열쇠를 네게 주리니 네가 땅에서 무엇이든지 매면 하늘에서도 매일 것이요 네가 땅에서 무엇이든지 풀면 하늘에서도 풀리리라"(마16:19). 베드로는 예수님이 약속하신대로 천국 열쇠를 사용하여 복음을 전하는 귀한 도구로 쓰임받았다.

　그러기에 베드로는 먼저 예루살렘에 복음의 문을 열었다. 오순절 성령이 강림하시자 베드로는 성령의 충만함을 입어 담대하게 복음을 전하기 시작했다. 요엘의 예언을 통해 오순절날 일어났던 사건과 연관된 것임을 선포했다.

　"…말세에 내가 내 영으로 모든 육체에게 부어 주리니 너희의 자녀들은 예언할 것이요 너희의 젊은이들은 환상을 보고 너희의 늙은이들은 꿈을 꾸리라…누구든지 주의 이름을 부르는 자는 구원을 얻으리라"(행2:17-21; 욜2:28). "…이스라엘 온 집이 정녕 알찌니 너희가 십자가에 못 박은 이 예수를 하나님이 주와 그리스도가 되게 하셨느니라"(행2:36)라고 베드로가 목소리를 높여 설교를 하자 듣는 자들의 마음이 찔렸다. 그리고 "어찌할꼬!"라고 하며 물었다. 이때 베드로는 그들에게 회개를 촉구했으며 예수를 구원자로 믿으라고 했다. 그러자 예루살렘에 많은 자들이 주님께로 돌아오는 놀라운 역사가 일어났다. 그래서 예루살렘에 복음이 전파된 것이다.

유대와 사마리아에 복음이 전파 됨

예수님께서 주신 지상 명령은 성령이 임하시면 땅끝까지

복음을 전파하라고 하셨다. 그런데 사도들과 제자들은 예루살렘에만 머물러 있었다. 물론 예루살렘에 복음을 전파하라는 말씀에 순종하기 위해 그렇게 한다고 변명을 할 수도 있겠지만 그들은 한 군데만 머물러 있었던 것이다. 분명 흩어져 복음을 전해야 할 자들이 한 군데에 머물러 있고자 하는 안일함에 빠지게 된 것이다. 마치 바벨의 사람들이 흩어지길 원치 않았던 것처럼 그들에게도 그러한 증상이 나타나기 시작한 것이다.

바로 이때 예루살렘 교회에서 분쟁이 일어나기 시작했다. 헬라파 유대인들과 히브리파 유대인들 사이에 충돌이 일어난 것이다(행6:1). 이때 사도들은 자신들을 돌아보았다. 그리고 말씀과 기도에 전무해야 겠다는 결단을 하며 성령의 충만함을 입은 일곱 사람을 뽑아 집사로 세웠다. 그리고 교회의 다양한 일을 전담하도록 했다(행6:2-6). 그러나 이것이 해결책은 아니었다. 아직 그들이 가라는 명령에 순종하지 않았던 것이다.

그러자 스데반 집사를 거스려 시비를 거는 사람들이 생기기 시작했다. 스데반 집사의 지혜와 성령으로 말함을 그들이 감당하지 못하자 스데반 집사를 하나님을 모독하는 자로 모함해서 돌로 쳐 죽이고 말았다. 그러면서 크리스천들을 대적하는 자들이 들고 일어나므로 예루살렘에 공포의 분위기가 시작되었다. 이 일로 인해 사도들만 예루살렘에 남아 있고 나머지 제자들은 주변 나라로 뿔뿔이 흩어지게 되었다. 강제 해산이 된 것이다(행8:1-3). 왜 해산이 되었을까? 가서 복음 전하라는 것이다. 그래서 흩어진 제자들이 유대와 사마리아를 두루 다니며 복음을 전하기 시작했다.

빌립 집사는 사마리아로 내려가서 복음을 전했다. 그 일로 많은 사람들이 하나님의 말씀을 받아 들이게 되었다. 예루살렘에 있는 사도들이 사마리아에도 말씀을 받았다는 소식을 듣고 베드로와 요한을 보냈다. 그들이 사마리아인들에게 가서 성령을 받기를 기도하고 안수하자 성령이 임하셨다. 이렇게 해서 사마리아에도 성령이 임하시고 복음의 문이 열리게 된 것이다. 이때 베드로가 사마리아에 복음의 문을 여는 일에 쓰임 받았던 것이다(행8:4-25). 예수님은 이방인들에게 복음을 전파하시기 위해서 위협과 살기가 등등하여 대제사장으로부터 공문을 받아 다메섹에 있는 예수 믿는 사람들을 잡아가려고 가던 사울이라는 청년을 꼬꾸라뜨리셨다. 그에게 하늘로부터 강한 빛을 비추시고 그로 하여금 눈이 멀어 보지 못하게 하셨다. 그리고 예수님은 자신이 누구신지 그에게 말씀해 주시고 또한 그가 앞으로 주님을 위해 살아야 한다는 사명을 주셨다. 사울은 눈을 보지 못한 상태로 근신하며 있다가 삼 일 만에 제자 아나니아의 안수로 눈을 뜨게 되었다. 그리고 그는 예수님이 이방인과 임금들과 이스라엘 자손들에게 복음을 전하도록 하기 위해 택함받은 그릇이라는 것을 깨닫게 된다(행9:1-22). 사울의 이름이 바울로 바뀌게 된 것은 사울은 유대식 이름이고 바울은 로마식 이름이었기 때문에 이방 사람들에게 좀 더 친숙하게 다가가서 전도하기 위해서 로마식 이름인 바울을 사용한 것이다.

이방 민족에게 복음이 전파 됨

하나님은 이방 민족에게도 복음의 문을 열어 주시기 위해 고넬료라는 사람을 통하여 복음을 듣고 성령을 받도록 하셨다. 그에게 역사하신 하나님의 방법은 조금 달랐다. 고넬료가 기도를 할 때 환상을 통하여 베드로를 초대하라고 하셨다. 그리고 베드로에게도 고넬료가 보낸 사람들을 따라가라고 지시하셨다. 고넬료는 자기 친척과 친구들을 불러 모아 놓고 하나님이 자기에게 그렇게 하라고 하신 이유가 무엇인지를 알기 위해서 베드로를 기다렸다(행10장).

이때 베드로는 입을 열어 사람들이 죄가 없으신 예수 그리스도를 십자가에 매달아 죽였지만 하나님이 그를 살리셨으며 그 분을 하나님이 재판장으로 삼으셨다고 설교를 했다. 이때 성령이 말씀을 듣는 사람들에게 내려오셨다. 그리고 성령이 임하셨다는 표시로 방언을 말하도록 하시고 하나님을 높이는 일이 일어났다. 베드로는 이방인들의 집에 들어가는 것은 그들의 법으로 허용되지 않았지만 하나님이 예수 그리스도 안에서 유대인과 이방인들의 완전한 교제를 이루도록 명령하실 때 순종하므로 이방인들에게도 복음의 문을 열 수 있도록 한것이다. 그리고 하나님은 이방인들에게도 성령을 부어 주시므로 복음이 이방인들에게도 전파된 것을 나타내 보여 주셨다.

하나님은 베드로를 통해 이방인들에게도 복음이 전해지고 성령을 받도록 하셨다. 그러므로 예수님이 베드로에게 천국 열쇠를 주셨다고 하신 그 말씀이 베드로를 통해 이루어지므로 예루살렘, 유대, 사마리아, 그리고 이방인들에게 복음을 전파하는 역할을 감당한 것이다.

이방인 지역에 교회가 세워짐

이제 예루살렘에서 유대로 그리고 사마리아로 그리고 이방 민족에게 복음이 전파되기 시작했다. 그리고 그뿐만이 아니라 이방인 지역에 교회가 세워진 것이다. 이제 이방인 지역에 유대인들이 아닌 사람들에 의해 세운 교회가 시작된 것이다 (행11:19-26). 스데반 집사의 일로 환란을 당한 제자들이 베니게와 구브로와 안디옥까지 가서 헬라인들에게 예수님을 전파했다. 이때 주님께서 함께 하셔서 많은 사람들이 예수를 믿도록 해 주셨다. 예루살렘에 있는 교회가 이 소문을 듣자 곧바로 바나바를 파송했다. 바나바는 그곳에 가서 열심히 교회를 세워가는 일을 감당했다. 그러나 혼자서는 그 사역을 감당할 수 없다는 것을 깨달은 바나바는 다소에서 머물고 있는 사울 즉, 바울을 불러 안디옥에서 일년 동안 같이 열심히 하나님의 말씀을 가르쳤다. 그러자 안디옥에 있는 교인들에게 비로소 "그리스도인"이라는 별명이 주어졌다. 그 당시 사람들에게 불리워진 그 별명은 좋은 쪽으로 불려진 것은 아니었다. 다른 사람들이 그들을 보면서 그리스도의 추종자들이라고 놀려 주려고 붙여준 이름이다. 그러나 이런 이름이 붙여졌다는 것은 예수를 그 만큼 잘 믿고 따랐기에 붙여진 이름인 만큼 예수를 잘 믿는 자들이라는 의미도 된다. 그렇게 붙여진 이름이기에 영광스런 이름이라고 말할 수 있다.

복음이 전 세계로 퍼져나감

이제 복음이 예루살렘에서 유대로 그리고 사마리아로 그리고 이제 이방 민족에게 복음이 전파되어 나가고 있다. 그러나 이 복음이 어느 한쪽 지역에만 전파되는 복음이 되어서는 안 된다. 예수님께서 땅끝까지 복음을 전파하라는 명령에 순종해야 하기 때문이다.

성령께서 복음 전파의 사명을 안디옥에 있는 이방 교회에게 특별한 사명을 맡겨 주셨다. 첫 선교사를 파송하는 일에 예루살렘 교회를 사용하지 않으셨다. 하나님은 이방지역에서 세워진 안디옥 교회를 사용하신 것이다.

안디옥 교회에 있는 성도들이 주님을 섬기며 금식할 때 성령께서 특별히 바나바와 사울(바울)을 따로 구분하여 세우라고 하셨다(행13:1-3). 하나님께서 그들을 부르셔서 복음 전파를 위한 이방인 선교사역에 쓰시고자 계획을 세우신 것이다. 그래서 안디옥 교회 성도들은 성령의 말씀에 순종하여 금식하면서 바나바와 사울에게 안수하고 선교사로 파송하여 보냈다. 이 일은 다른 지역으로 순회하면서 복음을 전파하므로 교회를 세워야 하는 첫 선교사가 탄생하는 순간이다.

사도 바울의 전도 여행

1차 선교 여행(행13:4-14:26)

바나바와 사울은 안디옥 교회를 떠나 구브로 섬에 있는 살
라미에 도착했다. 그들은 그곳에서 유대인의 여러 회당에서
복음을 전했다. 이때 바나바와 사울은 마가라는 요한을 그들
을 도울 협력자로 데리고 가게 되었다.

그들이 구브로에 있는 바보라는 곳에 도착해서 총독 서기
오 바울에게 복음을 전했다. 서기오 총독이 하나님의 말씀을
듣고 믿으려 하자 바예수라는 유대인이며 거짓 선지자 노릇
을 하던 사람이 서기오 바울 곁에 있다가 바나바와 바울이 복
음 전하는 것을 대적하여 믿지 못하도록 방해를 했다. 바울은
성령이 충만하여 그의 훼방을 거스려 그의 눈을 보지 못하게
만들었다.

〈사도 바울의 1차 전도 여행〉 3)

　　그후에 바나바와 바울은 배를 타고 밤빌리아에 있는 버가
로 갔다. 이때 선교를 돕기 위해 같이 동행하던 마가 요한이
갑자기 선교여행을 포기하고 예루살렘으로 돌아가 버리는
사건이 벌어졌다. 그러나 바나바와 바울은 선교하는 일을 중
단하지 않고 계속해서 버가에서 비시디아 안디옥으로 갔다.
그리고 그곳에 있는 회당에 들어가 복음을 전했다. 바울은 모

---

3) 1차선교여행행로 : 수리아안디옥 ― 살라미 ― 바보 ― 버가 ― 비
　시디아 안디옥 ― 이고니온 ― 루스드라 ― 더베 ― 다시 온 길로 돌
　아 루스드라 ― 이고니온 ― 안디옥 ― 버가 ― 앗달리아 ― 수리아
　안디옥에 돌아옴

세의 율법을 통해서는 절대 죄인이 의롭게 되지 못하지만 하나님께서 죽은자 가운데서 살리신 예수 그리스도를 통해서는 의롭게 될 수 있다는 복음의 메시지를 전했다. 이때 복음을 들은 이방인들 중에 하나님께서 영생을 주기도 작정된 자들은 믿고 돌아와 기뻐하였다. 그러나 어떤 유대인들은 그곳에 사는 경건한 귀부인과 유력자들을 선동하여 바울과 바나바를 핍박하며 그곳에서 좇아냈다.

바울과 바나바는 비시디아 안디옥에서 떠나 이고니온에 가서 유대인의 회당에 들어가 거기서 복음을 전하자 유대인과 많은 헬라인들이 예수를 믿었다. 그러나 그곳에서도 유대인들이 이방인들의 마음을 선동하여 악한 마음을 품도록 만들었다. 그러나 바울과 바나바가 예수님을 의지하여 담대히 말하자 예수께서 그들의 손을 통해 기적과 표적을 행하도록 해주셨다. 그 일로 인해 사람들이 바울을 따르는 자들과 반대하는 자들로 나뉘어졌다. 그러자 화가 난 유대인과 이방인들이 두 사도를 돌로 치려고 달려 들었다. 그래서 그들은 그곳에서 도망하여 루스드라와 더베와 그 근방으로 가서 거기서 복음을 전했다.

바울이 예수님의 능력을 통해 루스드라에 사는 사람들 중에 나면서 앉은뱅이였던 사람을 고쳐 주는 기적을 일으켰다. 그곳에 모였던 무리들이 앉은뱅이가 고침을 받는 것을 보고

놀라서 바나바는 쓰스라 부르고 말을 하며 병자를 고쳤던 바
울은 허메라고 불렀다. 그러면서 신들이 자기들 가운데 내려
왔다고 하며 제우스 신당의 제사장들이 소와 화관을 가지고
와서 무리와 함께 제사를 드리려고 했다. 이때 바울과 바나바
는 옷을 찢으며 무리를 말려 자기들에게 제사를 드리지 못하
게 했다. 이런 일을 하지 못하도록 하기 위해 자기들을 보내
어 예수 그리스도를 전파하는 것이라고 하며 복음의 메시지
를 전했다.

이 일이 있은 후 유대인들이 안디옥과 이고니온으로부터
와서 무리를 선동하여 바울을 돌로 친 다음 성 밖으로 내다
버렸다. 그러나 바울은 살아나서 더베로 가서 복음을 전하므
로 많은 제자를 삼았다. 그리고 이제까지 복음을 전하며 왔던
그 길을 되돌아가며 제자들에게 믿음 안에서 굳게 서 있으라
고 권면을 했다. 그리고 루스드라와 이고니온을 지나 비시디
아 안디옥으로 돌아갔다. 그리고 버가를 통해 앗달리아로 내
려가서 배를 타고 처음 선교를 위해 출발했던 안디옥으로 돌
아 가서 하나님께서 그들의 손을 통해 어떤 놀라운 일들을 일
으켜 주셨는지 보고하므로 1차 선교 여행을 마쳤다.

2차 선교 여행

바울과 바나바가 1차 선교를 마치고 안디옥 교회에 돌아와 보니 그곳에서는 구원에 대한 논쟁이 벌어지고 있었다. 어떤 유대인들이 유대로부터 안디옥에 와서 이방인들이 구원 받으려면 모세의 율법대로 할례를 받아야 한다고 가르치므로 교회에 큰 다툼이 일어난 것이다. 그래서 안디옥 교회는 이 일을 해결하기 위해 바울과 바나바, 그리고 몇 사람을 뽑아서 예루살렘에 있는 교회의 장로들과 사도들에게 보냈다. 그리고 예루살렘 공의회에서 그 문제를 사도들과 교회 지도자들과 의논한 결과 우상에게 바쳤던 고기를 먹지 말 것, 피를 제거하지 않은 고기는 먹지 말 것, 그리고 부도덕한 종교적 매음을 금지하라는 결정을 얻게 되었다(행15:29). 이렇게 이방인들이 지켜야 할 일들로 예루살렘에 공의회에서 결정하므로 이방인들이 구원을 받기 위해서는 할례를 받지 않아도 된다는 결정을 내린 것이다.

사도 바울과 바나바는 예루살렘 공회에서 결정된 공문을 기쁜 마음으로 이방인 크리스천들에게 전달하려고 안디옥 교회로 돌아갔다. 그런 후 바울은 1차 여행 때 복음을 전하며 세워 놓았던 교회들을 다시 방문하면서 이방 교회들에게 예루살렘 회의에서 결정한 기쁜 소식도 전하기를 원했다. 그래

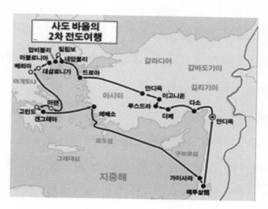

〈사도 바울의 2차 전도 여행〉 4)

서 바울은 이방 교회들을 더 견고한 믿음으로 세우고자 2차 여행을 떠나려는 계획을 세운 후 바나바에게 제안을 했다. 그런데 문제가 발생했다. 바울과 바나바의 의견이 둘로 갈라진 것이다. 바나바는 자기 조카인 마가 요한을 2차 선교 여행에도 다시 데리고 가자고 제안을 한 것이다. 그러나 바울은 선교지에서 우리를 두고 돌아온 마가를 어떻게 다시 데리고 갈 수 있느냐고 하며 단호히 거절했다. 이 일로 바울과 바나바는 서로 의견 충돌로 갈라서게 되었다. 그래서 한 팀으로 선교를

---

4) 수리아 안디옥 — 더베 — 루스드라 — 갈라디아 — 드로아 — 네압볼리 — 빌립보 — 데살로니가 — 베뢰아 — 아덴 — 고린도 — 겐그레아 — 에베소 — 가이사랴 — 예루살렘 — 수리아 안디옥

했던 두 사람이 이제 두 개의 팀으로 갈라진 것이다. 그래서 바나바는 먼저 조카인 요한 마가를 데리고 첫 번째 선교 행로였던 구브로를 향해 떠났다. 그러나 바울은 실라를 데리고 다른 방향인 길리기아 지방으로 떠났다.

바울은 더베와 루스드라로 가서 그곳에 살고 있던 디모데를 제자로 삼아 선교 동역자로 삼았다. 사도 바울은 소아시아(현재 터키지방) 쪽으로 가서 복음을 전하기를 원했지만 성령께서 그의 계획을 막으셨다. 그래서 그들은 브루기아와 갈라디아 땅으로가 무시아 앞에서 또 다시 비두니아로 가서 복음을 전하고자 했다. 그러나 또 성령께서 그들에게 그곳으로 가는 것도 허락하지 않으셨다. 그래서 무시아를 지나 드로아로 내려갔다. 그런데 그곳에서 바울은 마게도냐 사람이 서서 그곳으로 건너와 도와 달라는 환상을 보게 되었다. 바울은 그 환상을 하나님이 자기들에게 그곳으로 가서 복음을 전파하라는 뜻으로 받아 들이고 그곳으로 건너갔다. 바울 일행은 드로아에서 배를 타고 사모드라게로 직행하여 그 다음날 네압볼리에 도착했다. 그리고 마게도냐의 첫 성인 빌립보에 도착했다. 그곳에서 바울이 하나님의 말씀을 전할 때 주께서 자색옷감 장사인 루디아라는 여인의 마음의 문을 열어 주셨다. 그래서 그녀는 바울이 전한 복음의 메시지를 듣고 예수님을 받아들였다. 그리고 그녀와 그 집의 가족들이 다 세례를 받았다.

바울과 그의 일행이 기도하는 곳을 찾아가는 도중에 길거리에서 귀신들린 여종 하나를 만났다. 그녀는 귀신들린 자로서 점을 치므로 자기 주인에게 많은 돈을 벌어 주었다. 그런데 그 여종은 사도 바울의 일행을 따라오면서 큰 소리로 "이 사람들은 지극히 높은 하나님의 종으로서 구원의 길을 너희에게 전하는 자라"(행16:17)고 외쳤다. 그러나 사도 바울에게는 귀신이 사역을 방해 하는 것으로 인해서 힘들었다. 그래서 바울은 예수님의 이름으로 그녀에게 있었던 귀신을 내어 좇았다. 바울로 인해 자기의 사업이 망했다고 생각한 여종의 주인은 화가 났다. 그래서 귀신들렸던 여종의 주인이 바울과 실라를 관원들에게 끌고갔다. 이로 인해 바울과 실라는 매를 실컷 맞았으며 감옥에 갇히게 되었다. 그러나 그런 가운데서도 바울과 실라는 한밤중에 하나님께 찬양하며 기도했다. 그때 그곳의 옥터가 흔들리며 옥문이 열리는 기적이 일어났다. 이러한 놀라운 기적을 본 간수가 예수를 믿고 그의 가족도 다 예수 믿고 구원 받게 되었다. 다음날 바울의 일행은 석방되었다. 그들은 암비볼리와 아볼로니아를 다녀 데살로니가에 도착해서 그곳에 있는 회당을 찾아 복음을 전했다. 이곳에서도 많은 사람들이 바울과 실라의 메시지를 듣고 따르자 유대인들이 시기가 나서 소동을 벌렸다. 그들은 바울의 일행을 잡으려고 야손의 집에 쳐 들어갔지만 찾지 못하자 야손과 그의 형제들만 잡아 갔다. 이 소동으로 인해 바울과 실라는 더 이상 그곳에 머물수 없어 베뢰아로 갔다.

베뢰아에 가자 바울은 또 다시 회당을 찾아 들어갔다. 그곳에서 복음을 전하자 베뢰아 사람들은 데살로니가 사람들 보다 더 너그러운 마음을 가져서 하나님의 말씀을 아주 간절한 마음으로 받았다. 그곳에 있는 많은 사람들이 예수를 믿게 되자 데살로니가에 있는 유대인들이 베뢰아에서 바울이 복음을 전한다는 소식을 듣고 찾아가 방해를 놓았다. 그래서 믿음의 형제들이 바울을 에덴으로 가도록 인도해 주었다. 그러나 디모데와 실라는 아직 베뢰아에 머물러 있었다.

에덴은 철학과 우상의 도시였다. 그곳에서 바울은 다양한 논쟁을 통해 예수를 증거하는 일을 했다. 그 일로 몇 사람은 바울을 가까이 하여 예수를 믿게 되었다. 그 후 바울은 에덴을 떠나 고린도로 갔다. 바울은 그곳에서 아굴라와 브리스길라라는 유대인 부부를 만나게 되었다. 그들의 직업은 텐트를 만드는 일이었는데 바울도 같은 직업이라 함께 살며 일을 했다. 이때 실라와 디모데가 마게도냐로부터 오자 사도 바울을 더 열심을 다해 복음을 전했다. 그런데 유대인들이 끊임없이 대적하자 이제 이방인에게로 가서 복음을 전하겠다고 바울은 결단을 내리고 발에 먼지를 털었다. 그래서 바울은 디도 유스도라는 사람의 집으로 가서 그곳에서 1년 6개월 동안 말씀을 가르쳤다. 그런데 유대인들이 일제히 일어나 바울을 대적했다. 그래서 바울은 아굴라와 브리스길라 부부를 데리고 겐그레아를 거쳐 에베소로 갔다. 이곳에서 바울은 회당에 들어가 유대인들과 변론을 했다. 여러 사람들이 바울에게 계속 머물기를 청하였지만 그는 하나님의 뜻이면 다시 오겠다는 말만 남기고 에베소를 떠나 배를 타고 가이샤라에 상륙했다. 그리고 다시 선교사로 파송했던 안디옥 교회로 돌아오면서 2차 선교 여행을 마쳤다. 2차 선교 여행은 바울이 더 폭넓게 그리고 더 많은 지역에 복음을 전하는 계기가 되었다. 그리고 1차 선교 여행 때 복음을 전해서 세웠던 교회들을 더 견고하게 하는 기회가 되었다. 그래서 복음이 점점 더 땅끝까지 확산되어가도록 진행이 되고 있었다.

3차 선교 여행(행 18:23~21:16)

바울은 갈라디아와 부르기아를 지나 에베소에 도착했다. 2차 선교 여행 때 에베소 사람들이 바울에게 더 머물기를 요청했지만 그는 그냥 그곳을 떠났었다. 그러나 3차 여행이 시작되자 마자 바울이 제일 먼저 달려 간 곳이 바로 에베소이다. 바울이 2차 선교를 시작했을 때 아시아 지역에 복음을 전하

〈사도 바울의 3차 전도 여행〉 5)

고 싶어하는 간절한 소원이 있었지만 성령께서 허락지 않아 다른 곳으로 먼저 간 것이다. 그러기에 바울은 기회가 주어지자 제일 먼저 에베소로 달려 간 것이다. 바울이 에베소에 도착하기 바로 전까지 알렉산드리아 출신인 아볼로라는 유대인이 에베소에 있었다. 그는 말도 잘하고 성경에 대한 지식이

---

5) 수리아 안디옥 ― 닷소 ― 갈리디아 ― 브르기아 ― 에베소 ― 드로아 ― 네압볼리 ― 빌립보 ― 암비볼리 ― 데살로니가 ― 베뢰아 ― 아덴 ― 고린도 ― 베뢰아 ― 데살로니가 ― 암비볼리 ― 빌립보 ― 네압볼리 ― 앗소 ― 밀레도 ― 고스 ― 로도 ― 바다라 ― 두로 ― 돌레마이 ― 가이사랴 ― 예루살렘

풍부한 사람이었지만 단지 요한의 세례만 알고 있었던 것이다. 그래서 브리스길라와 아굴라가 그를 데려다 복음에 대해 자세하게 가르쳐 주었다. 그리고 아볼로가 아가야로 갈 수 있도록 도와 주었다.

에베소에 도착한 바울은 요한의 물 세례만 알고 있는 어떤 12명의 제자들에게 예수 그리스도의 이름으로 세례를 주었다. 그리고 그들에게 안수를 하자 성령께서 그들에게 임하시므로 방언도 하고 예언도 하게 되었다. 그 후에 바울은 회당에 들어가 3개월 동안 하나님 말씀을 가르치며 그들을 권면했다. 그런데 어떤 사람들이 말씀을 받아들이지 않고 비방을 했다. 그래서 바울은 그들을 떠나 제자들을 세우고 두란노 서원이라는 곳에서 2년 동안 열심히 말씀을 가르치는 사역을 했다.

바울이 에베소에 있는 동안 하나님께서 그의 손을 통해 놀라운 능력을 행하도록 해 주셨다. 바울이 자기의 손수건이나 앞치마를 가져다가 병든 자에게 얹자 병든 사람이 온전케 되고 악한 마귀에게 사로잡혔던 자도 온전케 되는 일이 일어났다.

사도 바울이 예수님의 능력을 힘입어 이런 기적을 일으키자 그것을 본 유대인의 한 제사장인 스게와의 일곱 아들들이 예수의 이름으로 악귀를 쫓는 것을 흉내를 내며 다녔다. 그러나 그들은 악귀에게 봉변을 당하는 경험을 한다.

"악귀가 대답하여 이르되 내가 예수도 알고 바울도 알거
니와 너희는 누구냐 악귀들린 사람이 그들에게 뛰어올라 눌
러 이기니 그들이 상하여 벗은 몸으로 그 집에서 도망하는
지라"(행19:15-16).

이 소식을 들은 에베소에 사는 유대인과 헬라인들이 두려
워 하며 예수를 많이 믿게 되었다. 그리고 마술을 행하던 사
람들이 자기들이 사용하던 책을 모아 가지고 와서 태우는 일
도 일어났다. 에베소에서 이와 같이 주의 말씀이 흥왕하여 더
퍼져나가게 되었다.

바울은 에베소에 있는 동안 앞으로 더 넓은 로마에까지 가
서 복음을 전해야 겠다는 비전을 품게 되었다(행19:21). 바울
은 디모데와 에라스도를 마게도냐로 먼저 보내고 자신은 에
베소에 얼마 동안 더 있었는데 데메드리오라는 아데미 신상
을 만들어 팔아 돈을 버는 은장색이 화가 났다. 왜냐하면 바
울이 아시아와 에베소 지역에 복음을 전하면서 우상은 아무
것도 아니라고 했기에 자기들의 생계가 위협을 받았기 때문
이다. 그래서 그는 자기의 직공들을 부추겨 소동을 일킨 것이
다. 이 일이 벌어지므로 바울은 에베소를 떠나야 했다. 그래

서 바울의 일행은 마게도냐에 갔다가 헬라(아가야 지방)에 이르러 거기서 3개월 동안 머물며 제자들을 권면하며 믿음을 굳건하게 했다. 바울은 그곳에서 떠나 수리아로 돌아가려고 할 때 유대인들이 자기를 해하려고 한다는 소식을 듣게 되었다. 그래서 그는 계획을 변경하여 마게도냐로 거쳐 돌아가기로 계획을 세웠다. 바울이 빌립보에서 배를 타서 닷새 만에 드로아에 도착하여 일행과 합류했다. 바울은 이튿날 떠나고자 하여 주일 날 늦게까지 강론을 하자 피곤에 견디지 못한 유두고라는 청년이 삼층 창문에 걸터 앉아 졸고 있다가 추락하는 사고가 나서 죽고 말았다. 그러나 바울이 내려가서 그 위에 엎드려 그 몸을 안으므로 죽은 유두고를 살려 냈다.

바울의 일행은 배를 타고 먼저 앗소로 갔지만 바울은 드로아에서 걸어서 앗소까지 가서 그곳에서 만나 배를 타고 미둘레네로 가서 이튿날 기오 앞에 오고 그 이튿날 사모에 들르고 또 그 다음날 밀레도에 이르렀다. 이곳에서 바울은 예루살렘으로 가는 일에 지체하지 않으려고 에베소에 있는 장로들에게 밀레도로 오라고 전갈을 보냈다. 그곳에서 위대한 사도 바울은 자신이 사역자로서 어떻게 모범을 보여 주었는지에 대해 설교하면서 앞으로 닥쳐올 환란에 담대하기를 부탁하는 마지막 고별 설교를 했다(행20:17-35).

그런 후 밀레도에서 고스로 가서 그 이튿날 로도에 이르러 바다라로 갔다. 그리고 베니게로 가는 배를 타고 두로에 상륙했다. 바울은 그곳에서 제자들을 만나 7일 동안 머물게 되는데 그곳에 있는 제자들이 성령의 감동으로 예루살렘에 가지 말라고 말렸다. 그러나 바울은 그들과 작별하고 배를 타고 돌레마이에 이르러 형제들을 만나 하루를 머물다 이튿날 가이사라에 도착하여 일곱집사 중 하나인 전도자 빌립 집사를 만나 그 집에 머물렀다. 이곳에 있는 동안 아가보라는 선지자가 유대로부터 내려와서 바울의 띠를 가져다 자기 수족을 잡아매며 예루살렘에 올라가면 띠 임자가 이렇게 결박되어 이방인의 손에 넘겨질 것이라고 하자 그곳에 모인 사람들이 예루살렘에 가지 말라고 바울을 권면했다. 그러나 바울은 결박 당할 뿐만 아니라 예루살렘에 가서 죽을 각오도 되어 있다고 하며 권함을 받지 않고 예루살렘으로 올라갔다. 여기서 3차 여행은 끝이 났다. 바울은 3차 전도 여행을 통하여 더 많은 이방인들에게 복음을 전파하는 계기가 되었다.

로마로 가는 바울(행27:1-28:31)

바울은 드디어 3차 선교 여행을 마치고 예루살렘에 도착했다. 다른 때 같았으면 안디옥에 있는 파송 교회로 올라 가서

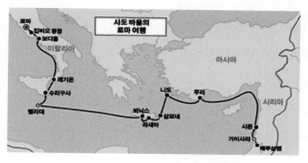

〈사도 바울의 로마 전도 여행〉 6)

선교 보고를 했을 터인데 이번에는 예루살렘으로 직접 간 것
이다. 그리고 바울은 예루살렘에 있는 지도자들을 만나 하나
님께서 그들의 사역에 어떻게 역사해 주셨는가를 보고했다.
예루살렘 교회의 지도자인 야고보와 다른 장로들이 그들을
따뜻하게 환대하며 맞이해 주었다. 그러나 그곳에는 아직도
그리스도인들 중에 모세의 율법에 열성인 신자들이 많이 있
었다. 또한 사도 바울이 은혜의 복음만을 전할 뿐 아니라 흩
어져 있는 유대인들에게 모세의 율법을 지키지 말라고 강요
하고 다녔다는 잘못된 소문도 나 있었다. 그래서 그러한 오해
를 풀기 위해서는 나실인으로 서원한 네 명이 있는데 바울에
게 그 사람들의 동류가 되어 결례를 위한 비용을 대어 보통

6) 예루살렘 — 가이사랴 — 시돈 — 무라 — 미항 — 멜리데 — 수라구
사 — 레기온 — 보디올 — 로마

유대인들의 관습대로 실천하라고 제안을 했다. 그리고 바울도 장로들의 제안을 수락하여 그 결례를 행하기 위해 성전에 들어갔다. 그런데 그때 오순절을 지키기 위해 아시아에서 온 유대인들 중에서 바울을 본적이 있었으며 또한 바울에 대해 못마땅하게 생각하던 사람들이 있었다. 그들은 바울이 성전에 들어가는 것을 보자 에베소에서 온 이방인 개종자인 드로비모도 성전 뜰 안으로 데리고 들어갔다고 성급한 판단을 한 것이다. 바울이 헬라인을 거룩한 성전에 데리고 들어가 더럽혔다고 오해를 하므로 온성이 소동을 벌리며 달려 들어 바울을 잡아 끌어낸 것이다. 갑작스런 소동이 벌어지자 천부장이 군인들과 백부장을 거느리고 와서 바울을 체포했다. 결박된 상태에서 바울은 천부장에게 말할 수 있는 기회를 달라고 부탁하여 유대인들에게 자신이 예수님을 만났던 경험을 이야기했다. 그러나 다시 소동이 일어나므로 천부장이 바울을 영문 안으로 끌고 들어가 심문을 하려 하지만 바울은 자신이 로마 시민권자임을 밝혔다.

그리고 다음날 천부장은 유대인들이 바울을 죽이려고 하는 이유가 무엇인지 알고자 공회를 열었다. 이때 바울은 거기에 모인 자들이 사두개인들과 바리새인들이라는 사실을 알고 부활로 인해 자신이 이렇게 핍박을 받는 것이라고 하므로 두 패로 나뉘어지도록 하므로 그들의 힘을 분산시켰다. 그래서 두 파가 서로 다투며 소동을 벌리자 천부장은 바울이 다칠까 봐 영문 안으로 데리고 들어갔다.

이때 유대인들 사이에는 매복하고 있다가 바울을 죽이기 전에는 먹지도 마시지도 않겠다는 결사대가 조직되었다. 그리고 이 소식을 들은 천부장은 한밤중에 바울을 가이샤라로 호송하여 총독 벨릭스에게 재판을 받도록 하려고 준비를 했다. 바울은 가이샤라에서 2년 동안 감옥에 갇혀 있었다. 그리고 지속되는 유대인들의 암살 음모로 인해 바울은 로마 황제의 재판에 상소를 하므로 로마로 호송이 되었다. 바울이 어쩔 수 없어서 죄수의 몸으로 로마에 가는것 같이 보이나 바울은 이미 로마에 가서 복음을 전하겠다는 선교 비전을 가지고 있었던 것이다. 그가 죄수의 몸으로 가게 된 것도 하나님이 그의 비전을 이루어주시는 과정으로 삼으셨던 것이다.

바울은 백부장 율리오에 맡겨져 로마로 가게 되었다. 바울의 일행과 죄수들을 태운 배는 가이샤라에서 시돈을 지나 구브로 해안과 길리기아 그리고 밤빌리아 바다 해안을 끼고 항해를 해서 루기아의 무라성에 이르렀다. 그리고 그곳에서 이달리야로 가려는 알렉산드리아 배로 옮겨 타서 살모네 앞을 지나 미항이라는 곳에 이르게 되었다. 그곳에서 바울은 바람이 거세져서 항해가 위태함을 느끼고 백부장에게 그곳에서 겨울을 날것을 제안했지만 백부장은 선장과 선주의 말을 듣고 강행군을 하기로 결정했다. 그런데 그들은 그레데 해변에서 폭풍을 만나 14일 동안 표류를 하게 되어 멜리데라는 섬에서 난파되므로 원주민들의 도움으로 그곳에 머물 수 있게 되었다. 그곳에서 석 달 후 겨울을 난 알렉산드리아 배를 타고 수라구사와 레기온 그리고 보디올에 이르러 거기서 형제들을 만나 이레를 머물다 로마에 도착하게 되었다. 바울은 로마에서 재판을 기다리며 유대인들과 찾아오는 모든 사람들을 영접하여 담대히 하나님의 말씀과 예수 그리스도를 전했다. 바울은 A.D. 60-62년 사이에 가택감금을 당하다가 무죄로 A.D. 62년도에 석방되었다.

바울이 로마 감옥에 감금되어 있는 동안 골로새서, 빌레몬서, 에베소서, 그리고 빌립보서를 기록했다. 그래서 이 네 개의 서신을 옥중서신이라고 부른다.

로마 감옥에서 석방된 후의
선교(A.D. 62- A.D. 66)

사도 바울은 로마에서 약 2년 동안 가택 감금되었다가 석방 되었다. 석방된 바울은 그냥 있지 않고 디모데와 함께 에베소로 갔다. 그리고 바울은 마게도냐로 가야 하기에 디모데를 에베소에 남겨 두고 그곳의 교회에서 목회하도록 했다. 디모데가 거기서 해야 할 중요한 사역은 쓸데없는 신화와 족보에 착념하는 자들을 바로 잡아 가르치는 것이었다(딤전 1:3-4). 이때 디모데는 나이가 어렸으며 또한 위장병을 앓고 있었다. 그래서 바울은 그의 위장병을 위해 포도주를 마시라고 권면했던 것이다. 바울은 디모데에게 자신이 에베소로 돌아가기 전까지 사역을 잘 감당 할 수 있도록 격려하기 위해 디모데전서를 기록해서 보낸 것이다.

또한 바울은 디도를 데리고 가던 중 그를 그레데에 남겨 놓으므로 그곳에서 목회 하도록 했다(딛1:5). 그곳에도 족보와 신화를 붙잡고 허탄한 변론을 즐기는 유대인들이 있었다. 그래서 그들을 바로 잡아 바른 교훈을 가르쳐서 각 성에 장로들을 세우는 것이 디도가 해야 할 목회 사명이었다. 이 일을 지도하기 위해 바울은 디도서를 써서 그에게 보냈던 것이다. 그래서 디모데전서와 디도서를 목회서신이라고 부르는 것이다. 디모데후서도 목회서신이지만 그것은 맨 나중에 기록되었다. 그레데에서 목회를 하던 디도는 그 후 바울이 있는 니고볼리로 돌아가게 되었다. 사도 바울은 1차 로마 감옥에서 풀려 난 후 로마 일대와 전에 다녔던 마게도냐 지역과 고린도 지역을 다니며 전도 무대로 삼았을 것이다.

사도 바울의 선교 비전은 스페인까지 가는 것이었다. 그는 먼저 로마로 가서 잠시 성도들과 교제를 나누다 서바나(스페인)로 가기를 간절히 원했었다(롬15:28-29). 하지만 바울이 로마에 가려고 여러번 시도를 했지만 길이 막혔었다. 이제 죄수의 몸으로 로마에 가므로 그의 소원이 이루어진 것이다. 그러기에 바울이 무죄로 석방되어 자유의 몸이 되었을 때 그는 스페인까지 가서 복음을 전하려 시도했을 것이다. 왜냐하면 그는 그곳에 있는 사람들도 예수 그리스도의 복음을 들어야 할 자들이라는 것을 잘 알고 있었기 때문이다. 성경에서는 직접적으로 바울이 서바나까지 가서 복음을 전한 내용은 기록이 되어 있지 않다. 그러나 바울의 간절한 소망이었던 서바나의 복음을 위해 가고자 했던 소원이 이루어졌을 것이라는 추측은 해 볼 수 있다.

바울의 2차 로마 감옥에 감금과 순교(A.D. 66- A.D. 67)

A.D. 64 년경에는 로마의 황제 네로가 미친짓을 했다. 그는 로마를 다 태우고 새로운 로마를 건설하겠다는 망상된 계획을 세웠다. 그래서 그는 자기가 세운 계획을 이루고자 로마에 불을 질렀다. 그러나 그는 그 책임을 기독교인들에게 돌린것

이다. 그리고 기독교인들을 핍박하며 잡아들였다. 이때 사도 바울도 로마 대 화제 사건 이후에 다시 감옥에 잡혀 들어가게 된 것이다. 그런데 2차 감옥에 투옥될 때는 1차 때 와는 전혀 다른 열악한 환경에 처하게 되었다. 춥고 어두운 감옥에서 혼자 지내야 했다. 그러기에 그는 디모데에게 겨울이 오기 전에 겉옷을 가지고 자기를 면회 오라고 했던 것이다. 이제 바울을 찾아오는 사람도 없었다. 이곳이 바울 사도의 마지막 인생의 종착역이 되었다. 그는 마지막 서신인 디모데후서를 그 감옥에서 기록 했다. 그리고 로마 감옥에서 A.D. 67 경에 순교를 당했다.

사도 바울은 그의 서신을 이런 순서로 기록했다. 데살로니가전후서, 갈라디아서, 고린도전후서, 로마서, 골로새서, 빌레몬서, 에베소서, 빌립보서, 디모데전서, 디도서, 그리고 디모데후서이다.

복음이 땅 끝까지 전파되고 있음

하나님은 사도 바울을 통해 유럽의 많은 지역에 복음을 전파하도록 하셨다. 그리고 복음을 받은 많은 사람들이 또 다른 지역으로 달려가서 예수 그리스도를 전했다. 그러므로 복음이 차츰 유럽 전역에 퍼져 나가게 된 것이다. 그리고 로마를 중심으로 발전해 나가던 교회가 변질되기 시작하면서 하나님은 개혁주의 신앙인들을 일으키셔서 신대륙인 미국으로 신앙과 함께 옮겨 가도록 길을 열어주셨다. 청교도의 신앙 정신으로 세워진 미국은 전 세계에 선교사를 파송하기 시작했다. 그래서 미국은 복음이 세계 각곳으로 퍼져 나가도록 하는 귀한 도구로 쓰임 받았다. 복음을 전하고자 열정을 가진 자들로 하여금 태평양을 건너가도록 하시므로 복음이 아시아의 한국과 그 외의 다른 지역으로 퍼져 나가도록 하셨다. 예수님께서 땅끝까지 복음을 전파하라고 하신 말씀대로 이제 거의 복음이 세계 땅끝까지 전파되고 있다.

예수 그리스도의 재림

　　예수님의 제자들은 마지막 세상 끝에 일어날 징조들이 궁금했었다. 그래서 질문을 하자 예수님은 그들에게 마태복음 24:3-14와 같이 대답하셨다. 이 마지막 시기에 대한 질문은 지금도 많은 사람들에게 궁금증을 가져다 주고 있으며 성급한 사람들은 참지 못하고 마음대로 마지막 때 일어날 일들에 대해 성경을 잘못 해석하고 잘못된 예언을 하므로 파멸을 자초하고 있다. 그러기에 예수님이 가르쳐 주신 말씀을 잘 깨달으므로 올바른 말세관을 가져야 한다. 예수님이 재림하시려면 반드시 많은 징조들이 일어날 것이라고 하셨다. 그러기에 재림의 징조들을 보면서 재림을 잘 준비하는 신앙인들이 되어야 한다.

재림의 징조들

미혹하는 자들이 나타남

"예수께서 대답하여 가라사대 너희가 미혹을 받지 않도록
주의하라 많은 사람이 내 이름으로 와서 이르되 나는 그리스
도라 하여 많은 사람을 미혹케 하리라"(마24:4-5).

예수님이 재림하실 때가 가까와지면 미혹하는 일들이 많이
생길 것이라고 하셨다. 그러기에 예수님은 너희가 미혹을 받
지 않도록 주의하라고 하신 것이다. 왜냐하면 많은 사람이 예
수 그리스도의 이름으로 나타나서 너도나도 할 것 없이 자기
들이 구원자라고 말하면서 믿는 자들까지도 미혹하여 신앙
에서 떨어지도록 하며 잘못된 길로 가도록 만들 것이기 때문
이다. 지나간 세대에도 수많은 가짜 그리스도가 나타났었다.
지금 이 시대도 가짜가 판을 치고 있다. 그리고 앞으로 더 많
은 자들이 일어날 것이다.

어떤 사람들은 자신들이 일개 죄인인 신분임에도 불구하고
자신들만이 특별한 하나님의 계시를 받은 자라고 주장한다.
그래서 자신들이 예수 그리스도께서 이루시지 못한 일들을
이루기 위해 왔다고 주장하며 사람들을 현혹하는 이단 교주
들이 되어 지금도 판을 치고 있다. 미혹의 영에 넘어간 불쌍

한 영혼들은 그런 자들에게 끌려가 멸망의 길로 가고 있다. 지금 이 시대는 이전의 어느 시대보다 더 많은 미혹의 영이 판을 치고 있다. 이게 바로 마지막 때의 징조들 중 하나이다.

난리의 소문과 기근과 지진

"난리와 난리 소문을 듣겠으나 너희는 삼가 두려워 말라 이런 일이 있어야 하되 끝은 아직 아니니라 민족이 민족을, 나라가 나라를 대적하여 일어나겠고 처처에 기근과 지진이 있으리니 이 모든 것이 재난의 시작이니라"(마24:6-8).

말세에 예수님의 재림의 징조는 난리와 난리 소문을 듣게 될 것이라고 말씀하셨다. 난리가 난다는 것은 그 만큼 사람들 사이에 서로 분쟁하며 악하게 변해가기 때문에 일어나는 증상이다. 그러므로 민족이 서로 대적하여 싸울 것이며 나라가 서로 원수가 되어 싸우게 될 것이다. 그리고 이곳 저곳에서 기근이 생기고 지진이 발생할 것이다. 그 만큼 환경적으로 살아가기가 불안한 환경들이 되게 될 것이다. 그러나 이런 현상들이 일어난다고 해도 두려워 말라고 하셨다. 왜냐하면 이런 일이 먼저 일어나야 하지만 아직 끝은 아니기 때문이다.

환난

"그때에 사람들이 너희를 환난에 넘겨 주겠으며 너희를
죽이리니 너희가 내 이름을 위하여 모든 민족에게 미움을
받으리라"(마24:9).

예수님께서 말씀하신 말세의 징조는 환란이다. 하나님을
믿고 의지하며 사는 자들에게도 마지막 때에 환란이 올 것이
라는 것이다. 그런데 여기서 말하는 환란이란 꼭 마지막 때에
만 일어날 환란만을 이야기 하는 것이 아니라 예수님의 초림
과 재림 사이에 일어나는 여러가지 환란을 말하기도 한다. 그
러나 마지막 때에는 더 많은 환란이 있을 것이라는 말씀으로
이해 해야 한다. 왜냐하면 교회가 생긴 이래로 많은 환란이
있었다. 예수님은 마지막 때 일어날 환란과 예루살렘이 멸망
하여 당할 환란을 묶어서 예언하시기도 하셨기 때문이다(마
24:3-51; 막13:3-37; 눅21:5-36). 그러기에 예루살렘의 멸망의
예언은 이 세상의 종말의 예표이기도 하다.

예수를 믿으며 사는 하나님의 자녀들은 이 세상이 존재하
는 동안 지속적인 환란을 겪을 수 밖에 없다. 그러나 이러한
환란은 믿는 자들로 하여금 영적으로 늘 깨어 있도록 하는 귀

한 수단이 된다. 왜냐하면 이러한 환란을 통해 그리스도인들은 주님을 바라보며 재림을 사모하는 마음이 더 커지기 때문이다. 마지막 때가 가까워지면 믿는다는 단 한 가지의 이유만으로 환란을 당하게 되며 미움을 받게 될 것이기 때문이다.

배도하는 일이 일어남

"그때에 많은 사람이 시험에 빠져 서로 잡아주고 서로 미워하겠으며"(마24:10).

마지막 때 일어날 재림의 징조의 하나는 배도하는 일이다. 신앙이 변질되어 오히려 예수 믿는 자들을 서로 잡아 주고 미워하는 일들이 일어날 것이다. 이러한 일들은 예수님의 재림이 가까워 질수록 더 심해져서 대규모의 배도 현상이 일어날 것이다. 그러나 정확한 예수님의 재림의 시기는 이런 것만으로는 정확하게 알 수가 없다. 이러한 일들이 일어나는 것을 보면 믿는 자들은 더욱 믿음에 굳게 서서 하나님의 은혜 안에서 준비하며 살아야 한다.

적그리스도가 나타남

마지막 때의 또 다른 징조는 적그리스도가 나타나는 것이다. 적그리스도란 말은 두 가지로 해석할 수 있다. 첫째로, 적그리스도란 예수님이나 예수님의 일을 대적하는 사람이나 세력을 말한다. 둘째로, 적그리스도란 예수님의 하시는 일을 모방하거나 예수님의 자리에 앉아 있는 사람이나 세력을 말한다. 그러나 이러한 적그리스도는 예수님을 믿지 않고 적대하는 자들이다. 이미 초대교회 시대 때에도 이러한 적그리스도가 존재하고 있었다.

> "저희가 우리에게서 나갔으나 우리에게 속하지 아니하였나니 만일 우리에게 속하였더면 우리와 함께 거하였으려니와 저희가 나간 것은 다 우리에게 속하지 아니함을 나타내려 함이니라"(요1서 2:19). "너희를 미혹케 하는 자들에 관하여 내가 이것을 너희에게 썼노라"(요1서 2:26).

적그리스도란 교회안에서 같이 활동하다가 참된 교회로부터 떨어져 나간 사람들을 말한다. 그들은 참된 성도가 아니면서도 자기들이 마치 그리스도인인 체 하면서 예수 그리스도에게 대항하는 자들을 말한다. 그리고 그들은 올바로 신앙생활을 하려는 사람들을 유혹하고 미혹해서 믿지 못하도록 하는 자들이다. "거짓 선지자들을 삼가라 양의 옷을 입고 너희에게 나아오나 속에는 노략질하는 이리라"(마7:15).

"나더러 주여 주여 하는 자마다 천국에 다 들어갈 것이 아니요 다만 하늘에 계신 내 아버지의 뜻대로 행하는 자라야 들어가리라 그 날에 많은 사람이 나더러 이르되 주여 주여 우리가 주의 이름으로 선지자 노릇하며 주의 이름으로 귀신을 쫓아내며 주의 이름으로 많은 권능을 행치 아니하였나이까 하리니 그 때에 내가 저희에게 밝히 말하되 내가 너희를 도무지 알지 못하니 불법을 행하는 자들아 내게서 떠나가라 하리라"(마7:21-23).

또한 성경의 말씀을 통해 적그리스도를 보면 기독교와 전혀 상관 없는 사람들이 아니라는 것을 알 수 있다. 왜냐하면 예수님의 이름으로 귀신도 쫓아내고 선지자 노릇을 하며 권능도 행하던 사람들이다. 그러나 그들이 그렇게 했던 모든 일들이 하나님의 영광을 위한 것이 아니라 자신들의 욕심을 채우기 위한 수단으로 했다는 것이다. 그러기에 예수님은 그들을 향해 불법을 행한 자들이라고 하며 심판을 선언 하신다. 그러기에 적그리스도란 그리스도인인 척하며 그리스도와 그의 일을 방해하는 자들인 것이다.

이러한 적그리스도가 마지막 예수님의 재림의 때가 가까이 오면 이전에 일어났던 것 보다 더 많이 생겨나 극성을 부리게 될 것이라는 말씀이다. 그러기에 예수님이 사람의 미혹을 받지 말라고 단단히 경고하시는 것이다. 거짓 선지자들이 일어나 큰 표적과 기사를 행하므로 사람들이 그러한 사람들을 좇아갈 가능성이 많기 때문이다.

"누가 아무렇게나 하여도 너희가 미혹하지 말라 먼저 배도 하는 일이 있고 저 불법의 사람 곧 멸망의 아들이 나타나기 전에는 이르지 아니하리니 저는 대적하는 자라 범사에 일컫는 하나님이나 숭배함을 받는 자 위에 뛰어나 자존하여 하나님 성전에 앉아 자기를 보여 하나님이라 하느니라"(살후2:3-4).

마지막 때 재림의 징조는 미혹하는 일과 배도하는 일이 먼저 일어날 것이다. 그러나 이러한 것들이 일어난다고 마지막 때가 아니라는 것이다. 반드시 멸망의 아들이 나타나야 만이 된다. 멸망의 아들은 하나님을 대적하는 자이다. 그는 하나님이 앉으셔야 할 자리에 앉아 있을 것이며 하나님이 받으셔야 할 영광을 자기가 받으려 할 것이다. 이러한 일이 밖에서 일어나는 것이 아니라 하나님의 성전 안에서 일어날 것이다. 이러한 일이 일어나면 마지막이 가까웠다는 것을 알아야 한다.

이스라엘의 회복

예수님이 재림하실 때가 되면 이스라엘 민족이 회복이 될 것이라고 하셨다.

> "형제들아 너희가 스스로 지혜 있다 함을 면키 위하여 이 비밀을 너희가 모르기를 내가 원치 아니하노니 이 비밀은 이방인의 충만한 수가 들어오기까지 이스라엘의 더러는 완악하게 된 것이라 그리하여 온 이스라엘이 구원을 얻으리라 기록된바 구원자가 시온에서 오사 야곱에게서 경건치 않은 것을 돌이키시겠고 내가 저희 죄를 없이 할 때에 저희에게 이루어 질 내 언약이 이것이라 함과 같으니라"(롬11:25-27).

이스라엘 민족은 예수 그리스도를 메시아이심을 거부할 때부터 하나님으로부터 잘리워졌다. 그들이 하나님의 은혜를 잊고 완악해졌기 때문이다. 그리고 그 구원의 바통이 이방인에게로 넘어갔다. 그래서 이방 민족들이 예수를 믿고 구원 받을 수 있는 길이 열린 것이다. 그러나 하나님은 그들이 완악하도록 버려 두는 기간을 이방 민족들이 충만한 숫자가 될 때까지라고 하셨다. 그런 다음에 하나님은 이스라엘 백성의 구원을 약속해 주셨다.

그런데 여기서 온 이스라엘이라고 말한 이 말의 의미는 이스라엘 백성들의 전체를 그리고 단 한 명도 빠짐없이 모든 자들이 다 구원 받도록 하실 것이라는 의미가 아니다. 온 이스라엘이란 하나님께서 택하시고 구원시키고자 하시는 이스라엘의 충만한 숫자를 의미하는 것이다. 예수님이 재림하시기 전에 하나님께서는 이스라엘의 많은 사람들을 구원해 주실 것이다. 그들의 구원이 예수님의 초림으로부터 시작하여 재림 사이에 계속적으로 진행되어 왔으며 지금도 예수님을 믿는 자들이 늘어나고 있다. 이제 마지막 때가 되면 더 많은 이스라엘 백성들이 주님께로 돌아올 것이다. 유대인들이 더 많이 개종하는 일이 일어난다는 것은 예수님의 재림이 가까워진다는 의미이기도 하다.

복음이 땅끝까지 전파 될 것임

예수님은 자신이 재림할 시기를 가르쳐 주셨다. 예수님이 어느날 어느 시에 오실 것이라고 말씀하신 것이 아니라 복음이 예루살렘에서부터 전파되기 시작하여 유대와 사마리아와 그리고 땅끝까지 복음이 전파되면 그때 오실 것이라고 하셨다.

> "이 천국 복음이 모든 민족에게 증거되기 위하여 온 세상에 전파되리니 그제야 끝이 오리라"(마24:14). "또 복음이 먼저 만국에 전파되어야 할 것이니라"(막13:10).

복음서에서는 예수님이 재림하시기 전에 반드시 이루어져야 할 것에 대해 언급을 했는데 그 중요한 사실은 먼저 모든 민족에게 복음이 전파되어야 한다는 것이다. 지금 예수님께 부름 받은 목사님들이나 선교사님들이 세계 곳곳에 퍼져 복음을 전하고 있다. 그러나 아직 소수 민족이나 수백 명씩 모여 사는 부족들에게는 복음이 전파 되지 않은 상태이다. 그러나 위클리프 같은 선교 단체는 자신들의 언어가 없는 나라에 들어가 그 나라의 언어를 연구하고 개발해서 언어를 문자화하는 일에 힘쓰고 있다. 그래서 그들의 언어로 말씀을 읽고 듣고 믿도록 하려고 힘쓰고 있다. 그래서 거의 세계 방방곡곡에 복음의 나팔이 울려 퍼지고 있다. 그러기에 이제 머지 않아 땅끝까지 복음을 전하라는 주님의 명령이 완수될 것이다.

우리가 여기서 꼭 알아야 할 것은 온 세상 만국에 복음이 전파되어야 한다는 말이 전 세계에 살고 있는 한사람 한사람에게 다 복음이 다 전파되어야 한다는 그런 의미가 아니다. 이 말씀은 각 나라와 민족들이 예수님을 믿을 수 있도록 복음의 영향력 아래 놓이는 것을 의미한다. 복음을 들을 수 있고 예수를 믿을 수 있는 영향력 아래 놓이게 되면 그 다음에는 본인이 복음을 듣고 받아들이느냐 아니냐를 결정해야 한다. 복음을 듣고 예수를 영접하는 사람은 구원에 동참하게 되지만 반대하면 영원한 형벌을 받게 된다. 그러기에 모든 민족에게 복음이 선포되는 것은 대단히 중요하다. 또한 그것이 예수님의 재림이 다가 오고 있다는 징조이기도 하기 때문이다.

그러나 예수님이 재림하시는 그 날과 그 시는 아무도 모른다고 하셨다. 오직 하나님만이 아시고 하나님의 권한에 있는 중요한 주권이다(마24:36-44; 막13:21-22). 그런데 지금까지 많은 사람들이 예수님의 재림의 때를 예언하다가 실패하므로 잘못된 신앙으로 흘러가고 있다. 얼마나 위험한 일인지 모른다.

이 세상에 사는 사람들 중에 자신이 죽을 날짜와 그 시를 아는 사람은 아무도 없다. 예수님의 재림 날짜와 시기도 같은 원리이다. 아무도 모른다. 오직 하나님만이 아신다. 재림의 시기는 오직 하나님의 권한에 두었기 때문이다. 그러기에 재림 날짜가 언제인가를 알고자 하는 어리석은 짓을 하기 보다 도적같이 갑자기 오실 것이라는 예수님의 말씀에. 순종하여 매일 깨어서 준비된 마음으로 사는 것이 가장 지혜로운 사람이다.

예수님께서 말씀하시길 "너희가 천지의 기상은 분변할 줄을 알면서 어찌 이 시대는 분변치 못하느냐?"(눅12:56)라고 하시며 꾸짖으셨다. 우리는 이 시대의 흐름을 보며 예수님의 재림이 가까워 오고 있음을 깨달아야 한다. 그럴 때 잘못된 거짓 선지자들이나 거짓 선생들에게 속아 넘어가지 않게 될 것이다.

성도들의 부활

부활은 기독교에서 가장 중요한 교리이다. 왜냐하면 부활이 없다면 기독교도 다른 종교와 다를바가 없기 때문이다. 지금까지 죽었다가 다시 살아나서 영원히 사는 사람은 아무도 없다. 오직 예수 그리스도만이 죽음에서 부활하셨으며 지금까지 살아계신 분이시다. 그리고 그 분은 영원히 사시는 분이시다. 그러기에 그 분만이 생명이시다. 그리고 그 생명을 가지신 분만이 다른 사람에게 생명을 나눠 줄 수 있다는 것을 증명해 보여 주셨다.

지금까지 이 세상에는 종교가 수없이 생겨났고 지금도 존재하고 있다. 그러나 그들이 주장하는 것은 단지 미래의 막연한 소원일 뿐이지 그곳에 간다는 보장이 없는 논리일 뿐이다. 왜냐하면 그런 논리를 가르쳤던 종교 창시자도 죽어서 땅에서 썩고 있기 때문이다. 그들이 좋은 곳에 갈 수 있다고 주장하며 가르쳤다면 직접 자신이 가본 후에 다른 사람들을 그곳으로 인도해 줘야 한다. 만약 자기 자신도 그런 곳에 가보지 못했다면 어떻게 자기를 따르는 사람들을 인도할 수 있을까? 그것은 마치 소경이 소경을 인도하려고 하는 것과 마찬가지이다. 자기가 죽고 나서 부활하지 못하고 영원히 땅에서 썩는다면 그것을 주장하는 그 자체가 허무맹랑한 거짓말일 것이다.

　그러나 예수님은 전혀 다르다. 그 분은 자신이 십자가에서 죽으시기 전에 자신이 부활하실 것을 이미 예언하셨다. 그뿐만이 아니라 구약성경에서 이미 예수님이 죽으시고 땅에 묻혀 썩어질 수 없기에 부활하실 것을 예언해 놓았다. 그리고 예수님은 죽으시고 예언대로 삼일 만에 죽은자 가운데서 부활하시므로 그 분만이 진정한 생명이심을 증명해 주셨다. 그리고 예수님을 믿던 제자들도 예수님의 부활에 대해 직접 목격하고 증거 하고 있다. 부활은 실제이며 앞으로 우리에게 일어날 흥분되는 사건이다.

　부활이란 사람의 육체가 다시 살아나는 것을 말한다. 그래서 영혼과 부활의 몸이 다시 만나 하나님 나라에서 영원히 살게 될 것이다. 예수님이 재림하시기 전에는 육신의 죽음이 영혼과 몸을 분리 하도록 만든다. 육신의 죽음이 찾아올 때 믿는 자들의 영혼은 하늘나라에 가서 주님의 재림 때까지 그곳에 있게 된다. 그리고 육체는 땅에 묻혀 썩게 된다. 그러나 예수님이 재림 하실 때는 예수님이 주시는 새로운 육체와 우리의 영혼이 만나 새로운 부활체로 변하게 된다. 이때 신자의 낮은 몸이 그리스도의 영광스러운 몸처럼 변화되게 된다. 이게 바로 전인격적인 완전한 구속이 되는 때이다. 그리고 부활의 몸으로 주님과 함께 하나님이 창조하신 새로운 하늘과 땅에서 영원히 살게 될 것이다(고전 15장).

그런데 성경에는 분명히 두 가지의 부활이 있을 것이라고 말씀하신다. 하나는 예수님을 믿고 구원받은 자들에게 있을 **"생명의 부활"**이고, 다른 하나는 구원 받지못한 사람들이 받는 **"심판의 부활"**이 있다. 요한복음 5장 28-29절에서, "이를 기이히 여기지 말라 무덤속에 있는 자가 다 그의 음성을 들을 때가 오나니 선한 일을 행한자는 생명의 부활로, 악한 일을 행한자는 심판의 부활로 나오리라"고 말씀하셨다.

구약 성경인 다니엘서 12:2절에서도 불신자들이나 신자들이 부활할 것을 이미 예언해 놓았다. "땅의 티끌 가운데서 자는 자 중에 많이 깨어 영생을 얻는 자도 있겠고 수욕을 받아서 무궁히 부끄러움을 입을 자도 있을 것이며"라고 했다.

　예수를 믿는 의인과 예수를 믿지 않는 악인 둘 다 공통적으로 영혼과 몸이 부활하여 재결합을 하게 된다. 그러나 부활 후의 결과는 전혀 다르게 나타나게 된다. 의인의 부활은 예수 그리스도가 주시는 완전한 생명으로의 부활이지만 악인의 부활은 죽음의 극형을 받기 위해 심판의 부활을 하게 되는 것이다. 의인은 부활하여 영원한 생명을 얻어 하나님 나라에서 영원히 행복하게 살게 되지만 악인은 지옥에 가서 영원히 고통을 당하며 살게 될것이다.

백보좌 심판

"또 내가 크고 흰 보좌와 그 위에 앉으신 자를 보니 땅과 하늘이 그 앞에서 피하여 간데 없더라 또 내가 보니 죽은 자들이 무론 대소하고 그 보좌 앞에 섰는데 책들이 펴 있고 또 다른 책이 펴졌으니 곧 생명책이라 죽은 자들이 자기 행위를 따라 책들에 기록된대로 심판을 받으니"(계 20:11-12). 그리고 "사망과 음부도 불못에 던지우니 이것은 둘째 사망 곧 불못이라 누구든지 생명책에 기록되지 못한 자는 불못에 던지우더라"(계20:14-15)고 하나님의 말씀이 확실하게 가르쳐 주고 있다.

백보좌 심판이란 하나님께서 내리시는 최종적인 판결을 받는 곳이다. 하늘 나라에 있는 생명책에 이름이 기록되지 않은 사람들은 불못 즉, 지옥이라고 불리우는 영원한 형벌의 장소에 던져지기 위해 받는 심판이다. 그러기에 이 세상에 사는 동안 예수를 구원자로 믿었던 사람들은 백보좌 심판을 받지 않게 된다.

예수님을 믿다 죽은 자들은 예수님이 재림하실 때 생명의
부활을 얻어 천년왕국에서 왕노릇하며 살다 영원한 천국으
로 들어가게 될 것이다. 그러나 예수를 믿지 않고 살던 자들
은 천년왕국이 지난 다음에 심판을 받기 위해 부활하게 되어
백보좌 심판대 앞에서 행위의 책에 기록된 대로 심판을 받고
영원한 형벌과 고통의 장소인 지옥으로 보내지게 될 것이다.

예수를 믿는 자들도 하나님 앞에서 심판을 받게 된다. 그러
나 예수를 믿는 성도들은 예수 그리스도의 의를 힘입어 생명
책에 이름이 기록되어 있기 때문에 불못에 던져지는 백보좌
심판은 받지 않게 된다. 그러나 각자 한 일에 대한 심판을 받
고 보상을 받게 될 것이다. 그리스도 안에서 구원은 보장받지
만 여전히 우리는 "각인이 자기 일을 하나님께 직고" 할 것이
라는 말씀을 기억해야 할 것이다(롬14:12). 그러기에 무엇을
먹든 마시든 무엇을 하든 모든 것을 다 하나님의영광을 드러
내고자 초점 맞추며 살아야 한다(고전10:31).

새 하늘과 새 땅

천년왕국이 끝나고 하나님의 최후의 심판이 끝나면 신자들

은 하늘나라로 가고 불신자들은 지옥으로 가게 된다. 그런데 천국이란 구속받은 자들이 영광스러운 부활체를 가지고 영원히 살게 될 곳이다. 우리가 지금 살고 있던 하늘과 땅은 예수님이 오실 때 다 타서 없어질 것이며 예수님께서 새로 준비하신 새 하늘과 새 땅에서 살게 될 것이다. 그곳은 완벽한 처소이다. 그곳은 죄로부터 완전히 자유로운 곳이다. 그곳은 악함도, 질병도, 고통도, 죽음도 없는 행복한 곳이다(계21:4). 하나님의 나라에서 예수님의 보혈로서 구원 받은 자들이 그분을 섬기며 영원히 살게 될 것이다.

하나님의 나라에서 영원히 살 자들

교만으로 인해 하나님을 대적하여 타락한 인간들을 하나님은 구원하시고자 구속 계획을 세우시고 지금도 진행시키시고 계신다. 창세기 3:15절에 여자의 후손을 보내 주시어 사탄의 계략을 봉쇄시키시고 십자가의 피로서 구속을 완성하실 것을 약속해 주셨다. 그리고 하나님의 계획대로 예수 그리스도가 이 땅에 오셔서 구원계획을 완성시켜 주셨다. 그리고 그를 믿는 자들은 구원의 반열에 서도록 은혜를 베풀어 주신다.

이 영생을 주시려고 영원 전부터 하나님께서 약속해 주신 것이며 선지자들을 통해 여러 부분과 여러 모양으로 계시해 주시다가 마지막으로 여자에게 하나님의 아들이 태어나게 하시어 구속 계획을 완성하도록 해 주신 것이다. 예수님께서 십자가에서 달려 돌아가시면서 마지막으로 하신 말씀은 "다 이루었다" 이다(요19:30). 무엇을 다 이루셨다는 말씀인가? 그것은 바로 죄인들을 구원하실 구원 계획을 다 이루셨다는 말씀이다. 그리고 예수님은 삼일 만에 죽은 자 가운데서 부활하셨다. 그러므로 그 분이야 말로 하나님의 아들이심을 증명해 보여 주셨다.

그러기에 사도행전 4:12에서, "다른이로서는 구원을 얻을 수 없나니 천하 인간에 구원을 얻을만한 다른 이름을 우리에게 주신 일이 없음이니라"고 말씀하셨듯이 하나님의 구속 계획 속에서는 유일하신 예수 그리스도만이 구원자가 될 수 있는 것이다.

로마서 10장13절에서 "누구든지 주의 이름을 부르는 자는 구원을 얻으리라"고 했다. 하나님이 보내 주신 예수 그리스도를 구원자로 믿고 받아 들이는 자들은 모두 구원 받게 된다.

하나님께서 구원코자 작정하신 자들에게는 성령의 중재로 인해 죽었던 영혼 속에 생명의 빛이 들어가 자신의 죄를 보도록 하신다. 그리고 자신의 죄를 회개하고 예수 그리스도를 믿도록 하시므로 하나님이 주시고자 하는 영생을 얻게 된다. 그러면 하나님의 은혜로 말미암아 예수 그리스도를 믿어 하나님의 자녀가 되는 축복을 누리게 된다. 그리고 영원한 천국의 시민권자가 되어 하나님 나라에서 예수 그리스도와 영원히 기쁘게 즐겁게 행복하게 살게 될 것이다. 이 책을 읽는 자들 모두가 다 예수 그리스도를 자신의 구원자로 믿음으로 하나님이 주시는 이 귀한 구원에 동참하는 자들이 되어 하나님이 주시는 축복을 하나님의 나라에서 영원히 누리게 되기를 간절히 소망하는 마음으로 이글을 마치려고 한다. 할렐루야!